정말, 하느님이 계시는구나!

정말

하느님이 계시는구나!

시작 글

　하느님을 본 사람은 없지만, 하느님을 만난 사람은 많다. 나도 세상을 살다가 하느님을 만났다.
　세상과 함께 현존하는 영적 현실은 실망과 좌절 속에 살던 나에게 벅찬 감동이었다. 그래서 그분의 말씀과 영원한 행복, 영원한 생명을 믿게 되었다. 사람이 길게 살아야 백 년인데 죽음이 끝이 아니라는 것을 알게 되니 새로운 삶을 계획할 수가 있었다.

　예전에 이런 생각을 해보았다. '다시 태어난다면 신앙생활을 정말 잘할 수 있다. 큰 꿈을 안고 시작했던 요식업도 성공할 수 있다.'
　실패의 원인을 잘 알고 있으니 다시 한번 해보고 싶었지만, 기회가 주어지지 않아 좌절하고 포기했으며 그저 죽지 못해 살았다.
　그러나 새로 알게 된 영적인 삶은 새롭게 거듭나는 삶이었다. 잘못된 인생을 접고 다시 시작할 수 있는 절호의 기회가 주어진 것이다. 누구나 선택과 결심만 한다면 새로운 길이 열려있다.

　세상에 즐거운 복락들이 많다는 것도 잘 알고 있지만, 더 큰 기쁨과 영원한 행복을 주는 새로운 삶이 있음을 체험하고 나니 작은 것을 버리고 더 큰 것, 영원한 것을 선택함은 당연한 결과였다.

"하늘나라는 밭에 숨겨진 보물과 같다. 그 보물을 발견한 사람은 그것을 다시 숨겨두고서는 기뻐하며 돌아가서 가진 것을 다 팔아 그 밭을 산다."(마태 14, 44)

휴일에 가까운 용마산을 오르면 서울 시내가 한눈에 들어온다. 높은 빌딩과 값비싼 아파트들이 줄지어 서 있다. 저 많은 건물과 땅이 모두 남의 것이니 자신이 한심하기만 했다. 정상에 오른 기쁨도 있지만, 소유욕 때문일까? 착잡한 마음이 들고 허전했다.

그러나 지금은 그렇지 않다. 하느님을 알게 되니 눈 앞에 펼쳐진 저 아름다움과 맑은 공기, 햇빛과 흘러가는 구름, 물과 땅과 하늘이 등기부등본 상 내 것은 아니지만 세상은 모두 다 나를 위한 것이 되었다.

'세상에 아름다운 것들이 얼마나 많은가!'
'세상을 만드신 분은 얼마나 아름다우신가!'
'그분이 바로 나의 아버지이시다!'

사람들을 보면 나와 함께 구원받을 사람들로 보였다. 이렇게 거저 받은 기쁨과 행복, 구원의 은총과 영원한 생명을 실망과 좌절 속에서 기회를 잃었다고 생각하는 사람들에게 전하고 싶은 열정이 솟구쳐 참을 수가 없었다.

하느님의 영광을 위하여 나에게 베푸신 은총을 자랑할 수 밖에는 다른 도리가 없다.

"이로울 것은 없지만 나는 자랑하지 않을 수 없습니다."(2코린 12, 1)

잠에서 깨어나면 눈을 뜨기 전에 하느님께 말씀드렸다.
'주님! 저에게 베푸신 사랑을 어떻게 전할 수 있을까요?'
'저의 행복을 어떻게 알릴 수 있을까요?'

좋은 생각들을 떠올려주셨지만, 시간이 지나면 모두 잊어버렸다. 그래서 글을 써본 경험은 없지만, 독자들이 헤아려 주실 것을 믿고 하느님께서 베푸신 일들을 한 자 두자 적어 두었다.

하느님을 찾은 사람들에게는 굳이 필요 없는 글이지만 모든 것을 갖고도 행복하지 않은 사람, 모든 것이 부족해서 불행한 사람, 실망과 고통 중에 있는 사람들에게 하느님을 만난 하얀 기쁨을 전해주고 싶다.

2023. 2.

질그릇
이　유　희　바오로

서울대교구장 정 순 택 베드로 대주교님과 함께

추천의 글

　너 나 없이 바쁘게 살아가는 요즘, 많은 교우분들이 하느님을 체험하기가 무척 어렵다는 말씀을 많이 하십니다. 나름 매일미사에도 참례하고, 기도도 열심히 해보지만 많은 경우 실생활과 신앙생활이 동떨어진 느낌이 든다는 말씀을 들으면서 사목자로서 어떻게 하면 일상에서 하느님을 느끼고 체험할 수 있도록 도와줄 수 있을까에 대해 고민하기도 했습니다.

　이유희 바오로 형제님의 글을 읽으면서 내가 몸담고 있는 바쁜 일상에서도 시선을 조금만 달리한다면 하느님을 깊이 체험할 수 있다는 희망을 갖게 해주는 것 같아 참 기뻤습니다. 조용한 성당에서만이 아니라 소음으로 가득찬 길 위에서도 누구보다 깊이 하느님을 가까이에서 체험하고, 그 기쁨을 많은 이웃과 나누는 형제님의 모습은 현대를 살아가는 우리가 배워야 될 사도직의 모범이라 생각합니다.

형제님의 글을 읽으면서 비천한 인간의 모습으로 이 세상에 오신 아기 예수님을 묵상할 수 있었습니다. 우리와 함께 하시기 위해 이 세상에 가장 낮은 모습으로 오신 예수님은 언제나 우리와 함께 하시는 분이시기에 마음만 먹으면 어디서든지 우리는 그분을 만날 수 있습니다. 하지만 가까이 계신 그분을 우리는 너무 멀리서만 찾는 신앙생활을 할 때가 많습니다.

무심코 지나칠 수 있고, 소소한 일상에 불과할 수도 있는 부분에서도 형제님께서는 예수님의 눈으로 세상과 사물을 바라보고, 예수님의 마음으로 한 사람 한 사람을 대하면서 일상에서 하느님을 깊이 체험하셨고, 그 내용을 우리와 나누고 싶어 이 글을 쓰셨습니다. 형제님의 글을 통해 많은 분들이 하느님을 멀리 계신 분이 아니라, 우리 곁에 계신 임마누엘의 하느님으로 만나뵙게 되기를 바래봅니다. 그리고 매일 매일의 삶을 어떻게 하느님께 봉헌해야 되는지를 배울 수 있었으면 좋겠다는 생각이 듭니다.

현대의 필수품이 된 자동차를 운전하면서 우리는 많은 경우 시간을 무료하게 보내거나, 나도 모르는 사이에 다른 운전자들을 비난할 때가 많습니다. 자동차 안에서 보내는 시간을 하느님께 봉헌하고, 다른 운전자들에게 하느님의 축복을 전할 수 있다면 운전하는 것이 짜증나는 일이 아니라, 하느님의 사랑을 이웃에게 전할 수 있는 축복의 시간이 될 것입니다. 우리에게 그 모범을 보여주신 이유희 바오로 형제님께 감사드리며 앞으로도 많은 분께 살아계신 예수님의 모습을 전해주시길 부탁드립니다.

2023. 2.

천주교 양원성당 주임신부 김 성 만 안드레아

추천의 글

'경기도 안성시 보개면 양복리 896번지'

저자의 어릴 적 주소입니다. 그리고 저의 본적이기도 합니다. 저자의 5촌 조카인 저는 아저씨가 살았던 그 곳에서 태어나 자랐습니다.

세대의 차이를 두고 아저씨와 제가 자란 마을은 옹기를 굽는 교우촌이었습니다. 선조들의 신앙을 대대로 이어 온 우리 마을은 하루를 기도로 시작하고 기도로 마쳤으니 사람들이 흙으로 옹기를 만드는 것처럼 하느님께서 사람을 빚어 만드신다는 것은 지극히 당연했습니다.

얼마 전 고향 마을에 가보았습니다. 함께 모여 조과, 만과를 드리던 공소 강당은 터만 남았고 옹기를 굽던 사람들은 뿔뿔이 흩어진 지 오래였습니다. 하지만 어디에 살든 무슨 일을 하든 다들 전수받은 신앙을 잘 간직하고 있겠지요.

현재 유희 아저씨는 서울에서 택시를 몰고 있고 저는 수원교구에서 사제로 살고 있습니다. 아저씨의 아들도 서울교구의 사제입니다. 그 뿌리에는 신앙이 가득했던, 서로를 본명으로 불렀던 그 마을, 양협공소가 자리하고 있습니다.

아저씨와 저는 '택시기사와 조카신부'라는 책을 낸 적이 있습니다. 그리고 이번에 아저씨는 다시 책을 내는데, 코로나로 건강을 잃은 것이 아니라 신앙을 잃은 사람들을 다시 하느님께로 인도하기 위함입니다.

한 권의 책으로 사람의 마음을 움직인다는 것은 매우 어려운 일입니다. 하지만 이 믿음의 열정이 적어도 하느님께는 기쁨이 되었으리라 여깁니다. 그리고 홀씨처럼 흩뿌려지는 이 책들이 단 한 사람의 영혼에서라도 싹을 틔우기를 희망합니다.

2023. 2.

수원교구 이　재　웅 다미아노 신부

시작 글 5
추천의 글　김성만 안드레아 신부 11
　　　　　　이재웅 다미아노 신부 14

은총과 변화

　　교우촌 23
　　세속과 실망 24
　　새벽길 27
　　갈등 30
　　새로운 결심 31
　　투신 32
　　어머니의 기도 34
　　오늘도, 내일도, 살아있는 말씀 37
　　성령의 이끄심 40
　　새로운 신앙생활 44

일하며 기도하며

놀라운 사연	51
유아세례	55
천주교의 보물 I	59
천주교의 보물 II	61
저희도 주님을 믿겠습니다!	65
어미 새의 사랑 I	67
어미 새의 사랑 II	70
저희 죄를 용서하시고	73
교장 선생님	77
지혜로운 여인들	81
아름다운 부자	86
소통 불통	90
작은 십자성호	93
장미꽃	96

피에타 상	99
기분 좋은 날	101
기억과 믿음	104
기도해 주어라!	107
주님의 일꾼들	110
앗, 실수!	112
친구 요한	114
스테파노 형제	118
뼈만 남아서 가벼워요!	120
성 너머 수덕관	124

바꾸지 않으면 그대로 있게 마련이다!

성수동 할아버지	129
화날 때 주님 생각	133
손이라도 들어 줄 걸!	136
무임승차	138

고덕동 가는 손님 141
두 사람과 나 144
얼굴, 마음의 거울 148
속박과 자유 152
주님을 만나는 마음으로 156
징그러운 놈들! 158

어두움에 빛을

처음 해본 묵상 164
이해의 빛 167
소나기 169
디지털 카메라 172
신령한 언어 175
불편한 형제 178
고통과 기도 180
명의 181

치유기적	184
양원성당 I	188
양원성당 II	192
이는 내 몸이다!	196
젊은 그대 잠 깨어 오라!	200
낙지탕	202
성 요셉	204
나에게 해준 것이다!	207
내가 지지리 복도 없다고?	211
재건축 아파트	218
만남과 기쁨	220
쉬는 교우	223
행복	226

마침 글   229

은총과 변화

하느님의 뜻은 바로 여러분이 거룩한 사람이 되는 것입니다. (1데살4, 3)

교우촌

나는 옹기를 만드는 교우촌에서 태어났다. 조그만 공소가 있었고 아침저녁이면 기도 소리가 끊이질 않았다.

대대로 이어오는 구교우 집안, 부모님은 자녀들에게 기도 생활과 교리문답을 외우게 하시고 십계명을 가슴 깊이 새겨주셨다.

첫영성체 교리는 사촌 형님이 가르쳐주셨다. 아담과 하와, 뱀의 유혹, 낙원에서 쫓겨난 이야기들은 맑은 영혼 안에 깊이 새겨져 평생 잊을 수가 없었다.

저 멀리 십 리 밖에서 들릴 듯 말 듯 들려오는 성당의 종소리는 하느님의 음성과도 같았다.

'하느님께서 항상 나를 보고 계신다고 생각하며 살았다.'

세속과 실망

'1950년 6.25 전쟁, 52년생, 53년 정전, 최빈국, 가난, 6남매, 아버지 45세 돌아가심.'

배고프고 사랑이 고픈 어린 시절이었다.

나는 어려서부터 친구들과 노는 것을 좋아했다. 놀 때 내 마음이 기쁘고 행복했기 때문이다. 저녁이 되어 일찍 집으로 가는 아이들을 보면 이상한 생각이 들었다. 이렇게 재미있는데 왜, 집으로 가지?

밥 먹는 것보다 친구들과 노는 게 더 좋았다.

나이가 들며 기쁨에 대한 갈증이 점점 심해졌다. 사랑받고 싶고, 인정받고 싶고, 뽐내고 싶었다. 그렇지만 학력도 가정형편도 타고난 재주도 무엇 하나 내세울 게 없다.

'겉은 멀쩡해도 속은 텅 빈 가슴이었다.'

견디지 못한 목마름을 세속에서 채우려다 보니, 깊이 있게 자리 잡았던 신앙심마저 흔들렸다.

세상 앞에 확신 없는 믿음은 신앙의 의혹들을 불러일으키며 깊은 불신의 어둠 속으로 빠져들었다.

'하느님은 정말 계신가?'
'나는 왜, 태어났을까?'
'착하게 산다는 것이 무슨 의미가 있고, 죽는다면 어떻게 되지?'

교회의 가르침에 대한 회의와 미래에 대한 불확실성으로 인해 영혼은 빛을 잃고 어두움이 어둠인지도 모르는 사람으로 변했다.

바른길로 이끌어 주던 십계명을 무시하고 죄의식을 벗어나 내 마음 내 뜻대로 사는 삶이 매우 만족스러웠다.

거짓 자유를 누리는 타락한 영혼은 더욱 쾌락과 자극적인 것들을 시도하게 되었고 마음의 욕구는 강력해지는 반면 기쁨과 즐거움은 점점 상실되어만 갔다.

그 탓에 죄를 짓고도 양심의 가책을 느끼지 못하고 죽음을 보고도 슬프지 않고 기쁜 일을 보고도 기쁘지 않은 목석같은 사람이 되었다.

성질은 점점 더 난폭해졌다. 그것은 서서히 죽어가는 영적 죽음, 기쁨과 희망이 없는, 살아도 산 것이 아닌 죽음이었다.

'기쁨이 없다면 행복도 없다!'

세속에서 인생의 의미를 찾으려는 어리석음으로 나는 절망의 늪에 빠졌다.
 아직 노인이 되어 보지도 않았고 참된 인생을 깨닫기도 전에 자신을 비관하고 죽음의 유혹에 휘말렸다.
 그렇지만 스스로 생명을 끊는 일은 하느님을 배반하는 일이며 영원한 불길로 떨어진다는 어려서 배운 교리가 앞을 가로막았다.

새벽길

 삼십 대 초반에 요식업을 시작했다. 우리 집 고기가 맛있다는 입소문을 듣고 손님들이 늘어났다. 그때부터 식당을 집사람에게 떠맡기고 밖으로 나돌았다. 내가 생각해도 한심한 사람이었다.

 그즈음 옆집 성심전기 사장님이 세례를 받고 온 가족이 성당을 다녔는데 보기가 좋았다. 주일이면 "바오로 형제 성당에 갑시다.~" 냉담 중인 나를 불렀다. 구 교우 집안에 태어난 사람으로서 자존심도 상하고 한편 부럽기도 했다.

 얼마 후 성당에서 윷놀이가 있으니 함께 가자고 했다. 갈까 말까? 냉담자의 마음속에 내적 싸움이 일어났다. 결국 윷놀이와 막걸리에 이끌려 성당으로 갔다.
 그날 윷놀이에서 일등을 하고 상품으로 작은 십자고상을 받았다. 상을 받고도 주님이 부르신다는 것을 알아듣지 못했다.

사람이 사랑받기 위해 태어났다고 하지만 그 사람 안에 사랑받는 기쁨이 없다면 어떨까? '그것은 공허함 뿐이다.'

빈 가슴을 채우기 위해 건전한 방법으로 기쁨을 찾는 사람도 있지만 헛된 생각으로 기쁨을 채우는 사람들도 있다. 내가 그랬다.

술, 담배, 마약, 음란, 도박, 경마, 인터넷 게임 등 스스로 통제할 수 없는 과도한 집착과 중독, 그 마음에는 내적 기쁨과 평화가 없다. 순간순간 목을 축이는 세속의 기쁨은 영원할 수 없으므로 또다시 갈증을 느끼게 된다.

오늘도 공허한 마음을 채우려고 밤새워 돈을 걸고 당구를 쳤다. 끝없는 자존심의 대결, 승리의 기쁨은 내일의 중요함보다 지금 나를 살려내는 힘이었다.

밤샘 당구 게임은 자존심과 승리의 기쁨을 충분히 살려낸 어두운 밤이었다. 피곤하지만 모처럼 기분 좋게 당구장을 나와 집을 향해 걸었다.

아무도 보이지 않는 어슴푸레한 새벽길, 갑자기 누군가 나를 보는 듯, 밤새 무엇을 했는지 다 알고 있다는 듯, 이상한 느낌이 들었다. 두려운 마음에 큰길을 버리고 얼른 골목길로 접어들었다. 앞뒤를 돌아봐도 아무도 없다.

내 마음이 다 드러나는 듯 초라함과 죄스러움을 느끼며 신속하게 집으로 돌아왔다.

밤새 기다리다 지쳐 잠든 아내와 어린 아들을 바라보니 양심의 가책과 함께 지난날들이 떠올랐다.

나는 가장으로서 무능력한 자신을 감추고 싶었다. 그래서 현실 도피와 기쁨을 채우려고 나를 속이며 살았다. 초라한 자신을 바라볼 때마다 앞날이 캄캄했고 모든 조건이 새롭게 일어설 가망이 없었다.

하지만 오늘은 웬일인지 내면 깊은 곳에서 그래도 잘 살아야 한다는 책임감과 함께 용기가 솟아났다.

"하느님은 당신 호의에 따라 여러분 안에서 활동하시어 의지를 일으키시고 그것을 실천하게도 하시는 분이십니다."(필립 2, 13)

갈등

나는 갈등속에 빠졌다.

돈이냐?

하느님이냐?

보이지 않는 하느님께서 내 의지를 끝도 없이 기다리셨다.

새로운 결심

나,
이렇게 살아서는 안 된다!
참되게 살아야 한다!

가난해도, 바보가 돼도, 어떤 어려움이 닥쳐도,
모든 것을 잃는다고 해도
'하느님의 뜻' 교회의 가르침을 따르자!

강한 확신에 이끌렸다.

죽든 살든
하느님께 온전히 투신하기로 굳게 결심했다.

투신

'나는 믿음의 바다에 풍덩 빠졌다.'

'물속에서 올라오니 길이 보였다.'

어머니의 기도

늘 묵주를 들고 계신 어머니는 소원이 하나 있다. 아들이 냉담을 풀고 열심히 신앙생활을 하는 일이다. 그래서 미사 가라! 성령 기도회 가라! 귀에 못이 박히도록 말씀하셨다.

번번이 외면했지만, 성령 기도회가 무엇인지 가보기로 했다.

미사와 함께하는 철야 기도회를 난생처음 아내와 함께 어린 아들을 데리고 참석했다. 토요일 밤이었지만 성당은 발 디딜 틈 없이 신자들로 가득했다.

처음 듣는 복음 성가와 율동, 기타와 드럼, 몇 가지 악기연주는 내가 알고 있던 성당 분위기와 전혀 달라 어리둥절했다. 그렇지만 나쁘진 않았다.

기도 중에 신부님께서 외국말 같은 이상한 언어로 말씀하셨다. 그런 다음 우리나라 말로 말씀하셨다.

"오늘, 너희에게 성령을 부어 주겠다!"

모두 잠잠해졌다. 작은 흐느낌 소리가 들렸다.
누군가 큰 소리로 엉엉 울었다. 이내 많은 사람들이 울며불며 "주님 잘못했습니다." 성당 안이 온통 시끄럽고 어수선해졌다.

이게 뭐지!
잠시 분위기를 주시하고 있을 때, 갑자기 두려운 느낌이 들었다.
그리고 나는 주의를 전혀 의식할 수가 없었다.

그때 머리 위에서 불같이 뜨겁고, 부드럽고, 거부할 수 없는 어떤 강력한 힘이 내 안으로 꽈악 밀려들어 왔다.

나는 어찌할 바를 몰라 쩔쩔매고 있었다.
그 불은 내 안에 사랑으로 활활 타오르고 그 사랑의 불꽃에 의해 내 영혼도 뜨겁게 타올랐다.
사랑의 합일은 황홀한 기쁨이었다.

'아, 정말 하느님이 계시는구나!' 저절로 느껴졌다.[1]

---

1 『가르멜의 산길』 26장 32장 『관상과 식별』 73쪽, 로버트 페리시 지음, 심종혁 옮김

짙은 무지의 어둠이 걷히고 초자연의 현실을 직시할 수 있는 영적인 눈이 떠졌다. 나는 하느님의 사랑과 현존을, 인간의 고귀한 가치와 존재 이유를, 어려서 배운 교리를 한순간 통찰할 수 있었다.

그리고 죄로 얼룩진 한 영혼을 보았다. 나는 비로소 나의 본 모습, 예수 그리스도를 통하여 구원받아야 할 비참한 인간을 볼 수 있게 되었다.

주님은 내 뜻과 상관없이 나를 용서하셨다. 나는 흔들리기 시작했고 잘못된 삶은 한순간에 무너졌다. 주님의 자비하심 앞에 회개와 감사의 눈물을 뜨겁게 뜨겁게 흘리고 있었다.

내 몸과 세상은 그대로였지만 새로운 것을 보고 듣고 느끼는 조금 전에 내가 아닌 새로운 사람, 새로운 영으로 변했다.
세속과 실망, 옛것은 지나가고 은총이 충만한 복된 세상, 새 하늘과 새 땅이 보였다.

'어느새 두려움은 사라지고 기쁨과 평화가 샘솟는 물처럼 내 안에 흘러넘쳤다.'

오늘도, 내일도, 살아있는 말씀

　신비로운 체험을 통하여 하느님이 내 안에 계시고 내가 하느님 안에 있다는 것을 알게 되었다. 어떻게 이런 일이 있을 수 있는지 궁금했다.

　처음으로 성경책을 읽었다. 예수님께서 살아생전 나를 위하여 세 가지 유산을 남겨주셨음을 알게 되었다. 그것은 '교회와 성체와 성령'이었다.
　그리고 제자들은 다음 세대를 위하여 예수님의 말씀과 행적을 '성전과 성경'으로 남기셨다.

　'오순절이 되어 예수님께서 약속하신 성령이 불혀 모양으로 사도들 위에 내려오셨다. 사도들은 성령을 받고 한순간 새로운 사람들로 변했다.
　두려움에 떨던 베드로가 예수 그리스도를 믿고 세례를 받으면 죄를 용서받고 성령을 선물로 받는다고 설교하였다. 그날 신도가 된 사람이 삼천 명이나 되었다.

　세례를 받기 전에 성령이 내린 사람들도 있고 세례 후 신앙의 여정 속에서 성령의 역사하심을 체험한 사람들도 있었다.' 놀라운 일이다.(사도 참조)

　"보라, 하느님의 나라는 너희 가운데 있다."(루카 17, 21)

　"보호자, 곧 아버지께서 내 이름으로 보내실 성령께서 너희에게 모든 것을 가르치시고 내가 너희에게 말한 모든 것을 기억하게 해주실 것이다."(요한 14, 26)

　영적 체험 후에 읽는 성경 말씀과 교회의 서적들은 지금 내게 하시는 주님의 음성으로 들려왔다. 그 말씀을 깨닫고 이해할 수 있게 해주시는 분은 예수님께서 보내주시기로 약속하신 분, 나를 새롭게 변화시켜 주신 성령이셨다.

　성령께서 내 마음을 예수님의 마음에 '맞댐(접촉)'으로써 하느님의 사랑을 알게 해주셨고, 내가 얼마나 더럽고 추악한 죄인인지 보여주셨고, 형제자매들을 얼마나 사랑하시는지 당신의 마음을 느껴 알게 해주셨다.

　'사람을 바라보시는 하느님의 마음은 기쁨과 사랑이었다'

'나 같은 죄인에게 당신을 드러내 보여주신 주님은 찬미 받으소서!'

하느님께서 내 안에 사랑을 부어 주셨고, 내 안에서 사랑이 밖으로 흘러나왔다.

만나는 사람마다 이래서 나쁘고 저래서 싫던 부정적인 마음이 사랑의 눈으로 변했다. 이웃이 잘되면 마치 내 일과 같이 기뻤다.

모든 이가 주님께서 사랑하는 나의 형제자매라는 것을 체험적으로 알게 되니 주님 앞에서 사람들을 미워할 수가 없었다.

성사를 집전하는 사제와 그리스도의 일치를 알게 해주셨고, 교회와 성직자 수도자들을 특별히 존경하게 해주셨다.

은총으로 가득 찬 세상이 보이고 사람들을 볼 때마다 기쁘고 흐뭇했다.

모든 사람이 하느님의 사랑을 체험하고 행복해지는 것이 나의 간절한 소망이 되었다.

'언제나 함께 있겠다고 말씀하신 예수님, 그분은 성령을 통하여 우리와 함께 있음을 부정할 수가 없다.'

성령의 이끄심

　성령을 통하여 나를 사랑하시는 하느님과 우리 주 예수 그리스도를 알게 되었고 내가 누구인지 알게 되었다. 그러므로 내가 무엇을 해야 하는지도 알았다.
　'그것은 하느님을 사랑하고 사람을 사랑하는 일이었다.'

　"내가 너희에게 새 계명을 준다. 서로 사랑하여라. 내가 너희를 사랑한 것처럼 너희도 서로 사랑하여라."(요한 13, 34)

　나는 하느님께 사랑받고 있음을 체험하고 세상의 모든 목마름에서 벗어났다. 끝도 없이 타오르던 목마름, 그것은 하느님의 사랑으로 충족되어야 할 인간의 본성적 갈증임을 깨달았다.

　'하느님의 사랑은 나 같은 사람의 갈증을 풀어주는 영적인 물이었다.'

질그릇 같은 내 영혼에 부어 주신 하느님의 사랑은 꺼질 줄 모르고 주님의 현존의식은 세상일과 상관없이 마음에 평화가 넘쳐났다.

"내가 주는 평화는 세상이 주는 평화와 같지 않다."(요한 14, 27)

세속에서 얻으려고 그토록 갈망했던 기쁨, 그 기쁨을 예수님께서 영적 기쁨으로 가득 채워주셨다.

"내 기쁨이 너희 안에 있고 또 너희의 기쁨이 충만케 하려는 것이다."(요한 15, 11)

말씀을 실천하는 진리 안에서 살 때 영원한 생명과 참된 자유를 누리게 되었다. 그 외의 것은 헛됨과 거짓이었다.

"너희가 내 말 안에 머무르면 참으로 나의 제자가 된다. 그러면 너희가 진리를 깨닫게 될 것이다. 그리고 진리가 너희를 자유롭게 할 것이다."(요한 8, 31-32)

주님은 진리의 빛, 이해의 빛, 내적 충동과 느낌, 묵상과 떠오름, 깨달음과 일의 결과를 통하여 말씀해 주셨다. 사람을 통하여 말씀하시고 자연을 통해서도 말씀해 주셨다.

성경을 읽을 때도 성사 생활과 기도 중에도 말씀하셨다. 그리고 영적 독서 중에도 말씀하셨다. 들을 귀가 열리기 전에는 몰랐지만, 지금은 말씀을 듣고 나도 주님께 말씀을 드린다.

"내 양들은 내 목소리를 알아듣는다. 나는 그들을 알고 그들은 나를 따른다."(요한 10, 27)

나는 내적 이끌림에 따라 성당에 갔다. 기도회에 가고 싶은 느낌을 따라 기도회에 갔다. 성경책과 신앙 서적을 보고 싶은 열정을 참을 수가 없었다.

기도하고 싶은 마음, 사랑하고 싶은 마음, 용서하고 싶은 마음, 용서를 청하고 싶은 마음, 신앙생활을 열심히 하려는 선한 느낌과 이끌림을, 성령의 감도 하심으로 믿고 따랐다. 많은 은총을 받았다.

매일 성경을 읽고 묵상했다. 자다가도 떠오른 성경 말씀은 그 뜻을 확인하고 싶어 불을 켜고 관련 서적들을 찾아 읽었다. 깨달은 말씀을 날마다 실천하려고 노력했다.

성경을 읽고 많은 깨달음을 얻었지만, 알아듣기 어려운 말씀도 많았다. 예수님의 말씀들이 성령의 깨우침이었는지 그저 나의 생각이었는지 식별이 필요했다.

성경은 예수님께서 하느님 나라를 선포하실 때 군중들이 알아들을 수 있을 정도로 비유를 들어 말씀하셨다고 전한다.
"그러나 당신의 제자들에게는 따로 모든 것을 풀이해 주셨다." (마르 4, 34) 라고 기록되어있다.

사도로부터 이어져 오는 가톨릭교회의 전통, 성경해석과 가르침을 듣고 영적 서적을 읽고 수시로 양심 성찰을 했다.

영혼의 울림이 아무리 선하고 좋아도 교회의 가르침과 다르다면 그 생각을 지워 버렸다.
기도 중에 깨달은 영적 지식도 교회의 가르침에 벗어난 것들이라면 과감히 끊어버렸다.

내 방식대로 신앙생활을 하고 내 마음대로 성경을 해석하면서 이를 성령의 인도하심이라 확신하는 어리석은 오류를 범하기는 싫었다.

성경을 읽고 깨달은 나의 이해가 본당 신부님의 강론 말씀과 일치했을 때 식별에 대한 확신을 할 수 있었다. 그럴 때마다 성령께서 주시는 기쁨과 평화가 내 안에 넘쳐났다.

새로운 신앙생활

무뎌진 양심이 살아나고 선과 악이 잘 구별되었다. 남의 눈에 티가 보이고 내 눈에 있는 들보도 보였다. 그래서 좋기도 했지만 한편 싫기도 했다.

하느님을 체험하고 많은 은총을 받았다 해도 배우지 않은 성경 말씀과 영적 언어들을 이해하고 닦지도 않은 성덕에 이를 수는 없다.

하느님의 사랑을 받고 느끼고 깨달은 것과 이웃에게 사랑을 실천하는 것은 전혀 다른 차원이었다. 새롭게 출발한 신앙생활은 안팎으로 많은 장벽에 부딪혔다.

그리고 분별력이 생겨서일까? 내 안에 있는 낡은 인간이 싫었다. 나는 원래 이런 사람이 아니었다는 생각에 짜증이 났다.

육신은 세속의 달콤함을 잊지 못해 안달했고 작은 유혹에도 휘청거렸다.

옳고 그름을 말 해주는 아내가 새롭게 시작한 신앙생활을 방해한다고 생각되어 자주 다투었다.

밖에서는 친구들과 직장에서는 동료들과 어정쩡한 관계가 되었다. 믿지 않는 이들과 어울려 살던 사람이 식사 때마다 성호를 긋고, 주일이면 성당을 간다고 하니 비웃고 무시했다.

성경에 "육이 욕망하는 것은 성령을 거스르고, 성령께서 바라시는 것은 육을 거스릅니다."(갈라 5, 17) 라고 쓰여있으니 당연한 일이었나 보다. 마치 연옥 불에 담금질하듯 선과 악, 천당과 지옥의 중간에서 괴롭힘을 받는 듯했다.

깨우친 교리와 성경 말씀을 실천하고 싶지만, 의지력이 부족했다. 그러한 나에게 주님께서 공동체를 위한 성령의 여러 가지 은사들을 체험시켜 주시고 담대한 믿음과 내적 힘을 길러주셨다.

성사의 은총이 내 안에 살아나고 신부님의 강론 말씀을 알아듣는 귀를 열어주셨다.

올바른 신앙의 길은 주님을 흠숭하고 공동체를 위한 봉사와 개인 성화에 힘써야 한다는 것도 알게 해주셨다.

신심을 거스르는 세속적인 어떠한 이익도 그것이 무엇이었든 포기하고 마음을 비웠다. 아무런 두려움도 없었다.

나를 무시하고 괴롭히고 음해하는 이들을 위해 용서하고 복을 빌어주며 영적 수련을 위해 보내주시는 하느님의 도구로 생각하며 감사의 기도를 드렸다.

나쁜 습성과 욕을 끊고 자신을 갈고닦는 정화의 길에 지칠 줄 몰랐다. 쓰러지면 일어나고 미끄러지면 다시 올라가기를 셀 수 없이 반복했다.

어느덧 사소한 일에 치솟던 분노가 잦아들었다. 가족만 생각하며 착하게 사는 아내에게 감사한 마음이 생겼다.

믿지 않는 친구들도 나를 주일이면 성당 가는 사람, 술자리나 식사 때 성호를 긋는 천주교 신자로 인정해 주었고 모임 날짜도 나에게 맞추었다.

성당에서는 레지오, 성소 후원회장, 구역장, 교육 재정 기획분과장, 사목회장으로 봉사했다. 봉사는 늘 기쁘고 설레지만, 공동체 안에 세속적 지혜가 뛰어난 분들이 있다.

많은 어려움이 밀려왔다. 주님 뜻대로 살려는 굳은 결심은 어떤 어려움도 피하지 않았다. 힘들 때마다 하느님께 지혜를 구하고 내적 힘을 받아 밀려오는 파도를 넘었다. 올 테면 오라! 힘든 일을 기다리기도 했다. 믿음과 내세의 희망은 어려운 일들을 참아내며 늘 웃음과 미소를 지을 수 있게 해 주셨다.

"정녕 내 멍에는 편하고 내 짐은 가볍다."(마태 11, 30)

냉담을 풀고 교회로 돌아올 때 큰 걱정과 두려움이 있었다. 그것은 믿음에 속박되고, 가난해지고, 삶의 기쁨마저 상실될 것 같은 생각들이었다.
'지금 생각하니 모두 마귀의 유혹이었다.'

새로운 신앙생활은 죄에서 탈출한 해방과 영적 자유를 누리게 되었고 세상일과 관계없이 기쁨이 충만했다. 마음의 평화는 아름다운 저녁노을을 바라보듯 주님이 주시는 평온함과 고요함이 감돌고 있다.

얼룩진 물 한 방울이 넓은 바다에 섞이듯 공동체 안에서 일치를 이루니 섬김과 나눔, 친교의 삶은 매우 행복하다.

일하며 기도하며

택시 운전기사가 되었다.
승객들이 볼 수 있게 십자고상을 모시고 다녔다.

놀라운 사연

 1986년 9월 20일, 아시안 게임이 우리나라에서 열리게 되었다. 이렇게 큰 규모의 국제대회가 열리는 것은 역사 이래 처음 있는 일이라고 하였다. 온 나라가 분주하게 대회 준비를 마치고 입국하는 손님들을 맞이하였다.

 지금이야 인천공항이 있지만, 당시 우리나라의 관문은 김포공항이었다. 신규로 개인택시인가를 받은 우리는 서울시의 지시에 따라 김포공항을 의무적으로 왕래하였다. 깨끗하고 친절한 한국의 이미지는 김포공항의 손님맞이로부터 시작되기 때문에 책임감과 자부심을 갖고 일했다.

 오늘도 어김없이 김포공항에 나갔다. 택시정류장에서 외국 손님들을 모시기 위해 대기하고 있었다. 내 차 앞으로 버스 한 대가 손님들을 내려놓고 출발했다.

잠시 후, "꽝"하는 엄청난 폭발음과 함께 많은 사람이 쓰러졌다. 공항은 순식간에 아수라장이 되었다. 서 있던 택시들과 사람들이 흩어져 도망갔다.

나 역시 빨리 공항을 빠져나가려고 했다. 그러나 쓰러진 사람들이 눈에 들어왔다. 또다시 폭탄이 터질 것만 같아 몹시 두려워서 망설여졌다. 하지만 용기를 내어 현장으로 핸들을 돌렸다. 몇 명의 택시기사들도 차를 돌려 따라왔다.

여기저기 피 흘리며 쓰러진 사람 중에 한 여학생이 어머니를 앉고 울고 있었다. 온몸이 피투성이였다.

대세를 주어야겠다는 생각도 들었지만, 너무 경황이 없었다. 피범벅이 되어 들 수도 없을 정도로 미끄러운 아주머니를 간신히 차로 옮겼다.

신속히 병원으로 가야 하는데 어느 병원으로 가야 할지 고민스러웠다. 문득 국군통합병원이 떠올라 그리로 내달리기 시작했다. 동료기사들도 부상자를 태우고 내 차를 따라왔다.

병원으로 달려가면서 어찌할 줄 모르는 그 여학생에게 기도하라고 묵주를 건네주었다. 학생은 신자가 아니었지만, 눈을 감고 묵주를 두 손으로 꼭 쥐었다.

나 역시 한 생명을 구해주시도록 간절히 기도하며 병원으로 달려갔다. 응급실에 도착하여 상황을 설명하고 부상자를 인계하였다.

당시에는 자동차 시트에 새하얀 커버를 씌우는 것이 유행이었다. 더욱이 내 택시는 새 차라서 더욱 청결하고 깔끔했다. 그러나 차 안이 온통 피투성이가 되어 더는 운행할 수가 없었다.

아내가 놀라지 않도록 전화로 설명한 다음 집으로 돌아왔다. 나중에 알게 되었지만, 이 사건은 아시안 게임을 방해하려는 북한의 소행으로 일가족 4명과 공단 직원을 포함해 5명이 사망하고 30여 명이 중경상을 입은 폭발물 테러였다.

아시안 게임이 끝나고 또 몇 년이 흘렀다.
어느 날 손님을 모시고 국군통합병원을 가게 되었다. 불현듯 나는 지난 일이 생각나 부상자를 이송한 사연을 손님에게 들려주었다. 생사를 알 수 없지만, 꼭 살았기를 바란다고 덧붙였다.

뜻밖이었다. 듣고 있던 손님이 그 부상자를 수술한 의사가 바로 자기라고 말하는 것이 아닌가!
파편이 온몸에 박히고 폐까지 파고 들어갔다고 한다. 결과를 장담할 수 없는 수술이었으나 기적적으로 살아났다고 했다. 그 말을 들을 때 온몸에 전율이 흐르고, 감사의 기도가 저절로 나왔다.

비록 신자는 아니었지만, 묵주를 쥐고서 엄마를 살려달라고 기도한 그 여학생의 효심이 하늘에 닿았다고 생각되었다.

유아세례

제44차 세계 성체대회가 1989년에 '그리스도 우리의 평화'라는 주제로 여의도 광장에서 거행되었다. 교황, 요한 바오로 2세와 여러 나라의 성직자, 수도자, 평신도들이 귀한 손님으로 우리나라에 오셨다.

성체대회 기간 중 외국 신부님 두 분께서 통역을 담당하시는 한국 수녀님과 함께 내 차에 타셨다.

차 안에 모신 십자고상을 보고 매우 반가워하셨다. 나도 처음으로 외국 신부님을 모신 터라 기쁜 마음으로 인사드렸다.

목적지로 가는 도중에 신부님께서 유아세례에 대하여 어떻게 생각하는지를 물었다. 나는 유럽에서 세례의 선택을 자녀들에게 맡긴다는 어이없는 신심에 대하여 들은 적이 있었다. 그 답답한 사정에 대하여 외국 신부님이 한국의 평신도에게 묻는 것이라고 여겼다.

과연 우리가 받아야 할 세례는 무엇인가?

예수님께서 말씀하셨다. "내가 받아야 하는 세례가 있다. 이 일이 다 이루어질 때까지 내가 얼마나 짓눌릴 것인가?"(루카 12, 50)

"내가 받아야 하는 세례"

그것은 예수그리스도께서 죄인들의 구원을 위하여 자신을 제물로 바친 고난의 세례이다.

예수님께서 우리의 죗값을 대속해 주셨다.

그러므로 믿고 세례를 받으면 구원의 문에 들어서게 된다. 정말 간단한 일이다.

우리 아버지께서 유아세례를 받았다. 할아버지께서도, 또 그 아버지께서도 유아세례를 받았다.

유아 사망률이 높던 시절 우리 어머니께서 형제 열둘을 낳으셨다. 모두 유아세례를 받게 하셨다. 그렇지만 여섯 형제는 유아세례를 받고 일찍 천국에 갔다.

사람은 언제 죽을지 아무도 모른다. 유아세례를 받게 하신 부모님의 믿음에 존경과 감사를 드린다.

부모님의 믿음을 본받아 나도 자녀들에게 유아세례를 받게 했다. 사위와 딸도 손주 마르티노에게 유아세례를 받게 했다. 당연히 내 손주도 자녀들에게 유아세례를 받게 할 것임을 나는 믿는다. 신앙은 우리 가문의 가장 위대한 유산이기 때문이다.

세례성사의 가치가 눈에 보이지 않지만 무의미한 일이라고 여기면 곤란하다.
세례성사는 영원한 행복, 영원한 생명의 탯줄 같기 때문이다.

신부님께 말씀드렸다. 유아세례를 받을 때부터 하느님이 함께하시고 성령의 열매인 사랑과 기쁨과 평화를 선물로 주신다.
세례성사는 모든 은총의 입구이며 주머니와 같다. 따라서 세례성사를 받는 순간 죽을 죄인에서 구원받은 의인으로 다시 태어난다. 그러므로 유아세례를 받아야 한다고 말씀드렸다.

보잘것없는 평신도의 대답이었지만 통역하시는 수녀님께서 매우 자랑스러워하는 눈치였다. 얼마나 더하기 빼기를 잘해서 통역하셨는지는 모르지만, 신부님께서 "평신도에게 내가 한 수 배우는군!" 했단다.

세계 성체대회는 성황리에 끝났고 많은 사람이 하느님을 찾아 성당 문을 두드렸다. 쉬는 교우들이 돌아오고, 입교하는 신자 수가 늘어났다.

그때 그 신부님 나라에도 은총의 문이 활짝 열리고 마음의 문도 활짝 열려 모든 성당이 믿는 이들로 가득 차기를 기도한다.

당시 포르투갈 신부님께서 남긴 메모
'하느님께서 얼마나 그대의 희망을 길러주시고
매일같이 그대에게 평화를 주시는지…'

천주교의 보물 I

 오늘은 아내를 따라 개신교로 간 형제가 타셨다. 아내의 성화도 성화지만 고해성사를 보기 싫어서 개종했노라고 했다. 단거리 손님이라 고해성사에 대하여 설명할 시간이 없어 참으로 아쉬웠다.

 죄는, 사과 한마디로 용서받을 수 있는 죄도 있고, 어떤 죄는 당사자와 그의 부모, 그가 속한 단체와 국가, 그리고 하느님을 믿는 사람이라면 교회 공동체와 하느님께 용서를 청해야 하는 죄도 있다.

 예수님께서 '모든 사람에게' 말씀하셨다.
 "네가 제단에 예물을 바치려고 하다가, 거기에서 형제가 너에게 원망을 품고 있는 것이 생각나거든 예물을 거기 제단 앞에 놓아두고 물러가 먼저 그 형제와 화해하여라.
 그런 다음에 돌아와서 예물을 바쳐라!

너를 고소한 자와 함께 법정으로 가는 도중에 얼른 타협하여라! 그러지 않으면 고소한 자가 너를 재판관에게 넘기고 재판관은 너를 형리에게 넘겨, 네가 감옥에 갇힐 것이다.

내가 진실로 너에게 말한다. 네가 마지막 한 닢까지 갚기 전에는 결코 거기에서 나오지 못할 것이다."(마태 5, 21-26 참조)

예수님께서 '제자들에게' 말씀하셨다.
"평화가 너희와 함께!
아버지께서 나를 보내신 것처럼 나도 너희를 보낸다."
이렇게 이르고 나서 그들에게 숨을 불어 넣으며 말씀하셨다.
"성령을 받아라.
너희가 누구의 죄든지 용서해 주면 그가 용서를 받을 것이고, 그대로 두면 그대로 남아 있을 것이다."(요한 20, 21-23)

마음이 편한 죄인은 아무도 없다.
양심은 스스로 묶여 있고 얼굴빛은 어두워진다. 죄를 감추는 사람은 얼굴과 행동이 뻔뻔해진다.

'죄에 속박된 영혼은 고해성사의 열쇠로 풀어야 한다.'

천주교의 보물 Ⅱ

참회하는 사람의 증표는 눈물과 고백이다. 이는 하느님을 믿는 사람이나 믿지 않는 사람이나 공통된 심리적 현상이다.

죄인은 양심고백을 통하여 마음의 평화를 느끼게 된다. 그렇지만 죄를 지은 사람은 두려움 때문에 죄를 감추려는 유혹에 빠진다.
죄책감에서 진정한 해방은 말로 고백한 이후에 얻게 된다.

사람이 죄를 지으면 예수님으로부터 죄 사함의 권한을 받은 사제에게 죄를 고백하고 용서를 받아야 한다.
죄의 고백은 양심을 흔드시는 하느님께 대한 응답이며 있는 그대로 자신을 하느님께 보여드리는 겸손이다.
고백을 꺼리는 사람은 진정한 회개가 이루어지지 않았거나 하느님의 자비와 용서를 믿지 않기 때문이다.
믿지 않으니 용서에 대한 하느님의 은총을 체험할 수도 없다.

고백을 꺼림은 교만과 비겁함이다.

　나는 내 마음대로 살고 싶어 교회를 떠났다. 그렇지만 회개하고 죄를 용서받는 고해성사를 보았다.
　고해성사가 유효 하려면 죄를 살피는 성찰, 진심으로 뉘우치는 통회, 죄를 짓지 않겠다는 결심, 죄의 고백, 보속을 실천해야 한다.

　하느님과 함께 죄인의 고백을 들은 사제는 고해성사의 비밀을 지킬 의무가 있기 때문에, 고해자는 안심하고 고해성사를 볼 수 있다.
　고해성사는 사제와 죄를 고백하는 사람이 서로 얼굴을 볼 수 없는 비대면의 고해실에서 한다.
　나는 의사에게 진단과 치료를 맡기듯 신부님께 영적 사정을 상세히 보여드리고 싶었다. 그래서 사제 앞에 얼굴을 맞대고 죄를 고백하는 면담 고해성사를 했다.
　신부님께서 온화한 얼굴로 고백을 들어주셨지만, 나의 죄상을 들으시며 얼마나 고통스럽고 힘드셨을까!
　정말 죄송하고 감사할 뿐이다.

　영혼 한편에 모아둔 죄는 무겁고 큰 짐이었다.
　보이지 않는 사슬로 결박당한 채 살아온 어두운 영혼이 고해성사를 마치고 밖으로 나오니 날개를 달고 하늘을 날아오르는 듯, 해방과 자유, 기쁨과 평화, 하느님의 위로가 넘쳐났다.

나는 하느님과 교회, 사제와 고해성사가 얼마나 고마운 십자가 보혈의 은총인지 깨달았다. 고해성사는 용서, 화해, 치유, 회복, 증진, 일치, 사랑이라고 생각되었다.
고해성사의 다른 이름은 참회의 성사, 화해의 성사, 용서의 성사, 회개의 성사라고 부른다.

어떤 죄를 고백해야 하는가?
진지하게 성찰한 뒤에 알아낸 죄들 가운데 그전에 고백하지 아니한 모든 중죄를 고백해야 한다. 대죄(죽을 죄)의 고백은 죄 사함을 받는 유일한 길이다.[2]

왜, 소죄도 고해성사 고백의 대상이 될 수 있는가?
소죄의 고백은 반드시 하여야 하는 것은 아니지만 교회가 이를 적극 권장한다. 왜냐하면 우리가 올바른 양심을 기르고, 나쁜 성향과 싸우며, 그리스도를 통하여 치유받고, 성령의 생명 안에서 성장하도록 도와주기 때문이다.[3]

---

2 『가톨릭교회교리서 요약편』, 한국천주교중앙협의회, 304항.
3 『가톨릭교회교리서 요약편』, 한국천주교중앙협의회, 306항.

영성체의 효과는 무엇인가?

성체는 우리의 사랑을 북돋아 주며, 소죄를 없애 주고, 미래의 대죄(죽을 죄)에서 우리를 보호한다.[4]

… 그 밖에 성경 읽기와 기도, 단식, 선행 실천도 죄를 용서받는 효과를 지닌다고 배웠다.

하느님과 사제 앞에서 죄를 고백하는 사람은 당연히 두렵지만, 하느님과 사제, 그리고 그가 속한 교회 앞에서 죄를 용서받는 확정판결의 말씀을 직접 듣게 되면, 용서에 대한 확신을 얻게 된다.

그러므로 주님의 말씀을 따랐으니 주님이 주시는 평화가 믿는 이들의 마음에 충만함은 당연한 일이다.

'하느님을 믿는 교회는 많지만 나는 고해성사 때문에 천주교를 떠날 수가 없다.'

---

4 『가톨릭교회교리서 요약편』, 한국천주교중앙협의회, 292항.

저희도 주님을 믿겠습니다!

　복음 선포의 열정으로 십자고상을 자랑스럽게 차의 중심에 모시고 다녔다. 기회가 주어질 때마다 구원의 은총과 신앙의 기쁨을 증거 했다. 그럴 때마다 말씀하시는 분은 내가 아닌 성령이셨다.

　한 번은 부부가 탑승하셨는데 두 분 사이가 불편해 보였다.
　나는 주님의 현존을 의식하며 운전 중이었는데 아주머니께서 내게 말씀하셨다.

"기사님은 참 평화스러워 보이시네요!"

나는 어떻게 답을 드려야 할지 몰라 성령께 의탁하였다. 그리고 주님께서 이끄시는 대로 나에게 베풀어 주신 하느님의 체험을 증거했다.
말씀이 끝나자 놀라운 일이 벌어졌다.

"기사님, 저희도 주님을 믿겠습니다!"

손님들은 즉석에서 주님을 믿겠다고 말씀하셨다. 주님께서 두 분을 사랑하고 있음을 직감으로 알 수가 있었다.
세례 받을 성당을 소개해 드리고, 나도 세례식 때 참석하여 새롭게 거듭남을 축하해 드렸다.

하느님께서 사랑하는 자녀들을 뽑아 부르시는 것을 볼 수 있게 되었고 선교의 도구가 되는 경험도 하게 되었다.

어미 새의 사랑 I

"주님께서는 십자가로 온 세상을 구원하셨나이다. 예수 그리스도님, 경배하며 찬송하나이다."

십자가의 길 기도를 바칠 때마다 예수님의 고통과 사랑을 마음으로 느낄 수 없어 지루하고 힘들기만 했다. 십자가의 의미를 머리로는 이해하나 구원에 대한 기쁨과 감사의 정이 마음에 솟질 않았다.

오늘도 택시 영업을 하며 십자가를 지신 예수님을 묵상했다. 장안동에서 손님을 기다리는 동안에도 마찬가지였다. 그때 무엇인가 가로수 위에서 편도 3차선 도로 한가운데로 툭, 떨어졌다.
 자세히 살펴보니 이제 막 날갯짓을 배우려는 아기 새였다. 추락한 녀석은 입을 크게 벌리고 짹짹거렸다.

다행히 보행 신호등이 켜진 상태다. 그렇지만 차들이 출발하면 아기 새의 운명은 뻔했다.

신호가 바뀌었다.
'아, 어떻게 될까?'

그때 갑자기 어디선가 어미 새 한 마리가 나타났다. 어미 새는 출발하려는 자동차 앞을 휘리릭휘리릭 어지럽게 날았다. 어미 새 때문에 앞 차가 출발을 못 하고 있다. 뒤차들도 마찬가지였다.
어미 새는 새끼와 자동차 앞을 번갈아 날아다니며 출발하려는 차들을 정지시켰다. 작은 새 한 마리가 운행 중인 모든 차를 정지시키는 놀라운 행동에 지나가던 사람들도 넋을 놓고 바라보았다.

잠시 후, 상황을 알아차린 앞차가 차선을 바꾸어 출발했다. 뒤에 있던 화물차가 직진하려고 했다. 또다시 어미 새는 직진하면 안 된다는 듯 운전자의 눈앞에서 엑스자 모양으로 휙휙 어지럽게 날았다. 당황한 화물차도 차선을 바꾸었다. 그래도 불안한지 어미 새는 화물차 적재함 난간에 올라탔다. 절박한 어미 새가 화물차를 마구 흔드는 듯 했다.

  인류 구원을 위해 십자가를 지신 예수님을 묵상하며 새끼를 구하려는 어미 새를 바라보니 나를 위한 예수님의 사랑을 마음 깊이 느낄 수 있는 은혜로운 시간이었다.

  새끼를 구한 어미 새의 뜻은,
  "하느님께서 이들에게 복을 내리시며 말씀하셨다. 번식하고 번성하여 바닷물을 가득 채워라. 새들도 땅 위에서 번성하여라."(창세 1, 22)

  나를 구원하신 예수님의 뜻은,
  성령 안에서 누리는 기쁨과 평화, 영원한 행복과 영원한 생명의 길이다.

어미 새의 사랑 Ⅱ

아기 새는 왜 태어났는지, 죽음이 무엇인지 알지도 못하면서 짹짹거린다. 사람도 '왜 태어났는지, 죽으면 어떻게 되는지' 알지도 못하면서, 나만 잘 살면 된다! 하느님이 있다면 세상이 왜 이래 짹짹거리며 산다.

하느님이 사람이 되시어 세상에 오셨다.
"고생하며 무거운 짐을 지고 허덕이는 사람은 다 나에게로 오너라, 내가 편히 쉬게 하리라. 나는 마음이 온유하고 겸손하니 내 멍에를 메고 나에게 배워라. 그러면 너희의 영혼이 안식을 얻을 것이다. 내 멍에는 편하고 가볍다."(마태 11, 28-30)

예수님께서는 하느님이 누구이신지, 사람이 어떻게 살아야 하는지, 죽으면 어떻게 되는지, 새 하늘과 새 땅, 하느님의 나라가 어떤 곳인지 선포하셨다.
죄를 용서하고 병자들을 고쳐주고 마귀를 쫓아내고 많은 기적과 놀라운 일들을 통하여 하느님의 권능과 사랑을 드러내셨다.

　율법의 올바른 정신과 믿음을 통한 의로움, 안식일의 의미, 이스라엘의 왜곡된 선민사상을 바로 잡아주셨고 인류 구원을 위한 하느님의 뜻을 가르쳐주셨다. 그렇지만 유대인들이 기다려온 구세주는 다윗과 솔로몬을 능가하는 이스라엘 국가의 통치자였다.

　세상은 바른말 하는 사람을 싫어한다. 빛이 비치면 어둠이 드러나듯 죄와 양심이 드러나기 때문이다. 그들은 왕으로 모시려던 예수님을 십자가에 못 박으라고 소리쳤다.
　예수님은 정치범과 신성 모독죄의 누명을 쓰고 십자가에 매달려 돌아가셨다.

　'영원한 생명과 영원한 행복은 오직 죽음과 부활을 통해서만 일깨워줄 수 있다.'

　예수님께서 말씀 하신데로 사흘 만에 부활하셨다. 영원한 삶을 보여주시고 확증해 주셨다. 이렇게 모든 사람을 구원하셨다.
　그렇지만 구원을 받을 것인지 거부할 것인지는 내가 결정해야 한다.

"그들이 대답하였다. 주 예수님을 믿으시오. 그러면 그대와 그대의 집안이 구원을 받을 것이오."(사도 16, 31)

부활을 믿는 사람은 현세의 성공과 실패 가난과 병고를 겪으면서도 감사를 드릴 수 있고 죽음 앞에서도 새로운 미래를 계획할 수 있다.

모든 것을 주님께 의탁하고 인생을 여유롭게 천천히 걸을 수 있으니 얼마나 놀랍고 아름다운 삶인가!

예수님의 수난을 묵상하며 감사와 찬미를 드리고 있을 때 어떤 분이 차도로 들어갔다. 두려움에 떨고 있는 아기 새를 길 밖 화단으로 옮겨 주었다.

그리고 나의 묵상도 끝이 났다.

저희 죄를 용서하시고

오늘은 특별히 수입이 좋은 날이다. 늘 이랬으면 참 좋겠다. 늦은 시간이었지만 욕심이 생겨 귀가를 미루었다. 마침 젊은 청년 한 사람이 탔다.

"금호동 푸르지오 1차."

금호동이면 집으로 가는 길이니 마침 잘됐다 싶었다. 하지만 푸르지오 1차가 정확하게 생각나지는 않았다.

'손님, 푸르지오 1차가 금호동 어디에 있지요?'

"금남 시장 뒤!"

"네~" 하고 대답은 했지만, 얼른 위치가 떠오르지를 않았다. 가다가 기억나지 않으면 손님에게 물어보면 된다고 생각했다. 그러나 손님은 불과 몇 분도 지나지 않아 잠들고 말았다.

금남시장에 도착했는데 푸르지오 1차 아파트는 내비게이션에 서조차 확인되지 않았다. 1차라고 했으니 근처에서 제일 오래된 푸르지오 아파트로 올라갔다.

손님을 깨우고 물으니 여기가 아니라고 했다. 경비아저씨가 보여 푸르지오 1차를 물었지만 잘 모른단다. 틀림없이 현 위치에서 불과 몇백 미터 안에 있는 아파트이건만…

손님은 술에 취하지도 않았고 분명히 길을 알 텐데 야속하게도 길을 안내할 의도가 없는 모양이었다. 시비를 걸려는 게 분명해 보였다.

택시운전 자격증을 살펴보더니 "이유희, 길도 모르는 사람이 왜 택시를 하냐?" 버르장머리 없는 녀석은 고양이가 쥐를 가지고 노는 듯 나에게 비아냥거렸다. 그러나 흥분하면 안 된다. 경험상 결과가 항상 좋지 않았기 때문이다.

참고 있는 내가 얕보였는지 급기야는 욕설까지 퍼부었다. 그래도 꾹 참았다. 그러나 칼로 찔러 죽이겠다는 소리를 했을 때 인내심이 순식간에 무너졌다.

"그래! 난 살 만큼 살았으니 찔러 죽여라!"

아이고, 내가 왜 이러지! 곧바로 그에게 사과했지만 이미 엎질러진 물이었다.

어찌어찌하여 푸르지오 1차에 도착하였다. 차에서 내린 젊은이는 이죽거리며 고작 동전 250원을 내던졌다. 어이가 없었다.

집으로 돌아오며 잊으려 했지만, 그 분함을 참을 수가 없었다. 통제할 수 없을 정도로 분노가 활활 타올랐다. 젊은이의 심장을 칼로 찌르는 상상이 의지와 상관없이 거듭되었다. 괴롭고 두려웠다.

하루를 뒤돌아보며 저녁기도를 드렸다. 신중하지 못했던 잘못을 뉘우치고 하느님께 용서를 청하였다. 그리고 그 손님을 용서한다고 말씀드렸다. 그러나 도무지 잠을 이룰 수가 없었다.

'왜, 이러지 용서했는데!'
이리저리 뒤척이다 옛 생각이 떠올랐다. 아버지는 고집이 세고 잘못을 인정할 줄 모르는 나를 엄하게 교육하셨다. 잘못할 때마다 호되게 나무라셨다.
꾸지람이 지나치다 싶으면 형제들이 합세해서 용서해달라고 아버지께 대신 빌어주었다.

아버지의 화가 안 풀리시면 어머니께서 나서셨다.
"이제 알아들었으니 그만 좀 하세요." 하고 편을 들어주셨다. 아버지는 애 버릇없게 역성을 든다며 언성을 높이셨지만, 늘 그렇게 넘어가 주셨다.
그런 생각에 머물다 보니 우리의 죄를 대속하신 예수님의 십자가 생각이 났다.

그리고 주님의 기도 "저희를 용서하시고"라는 대목을 되뇌었다.

아, 그렇지! "저희를 용서하시고"
얼른 주님께, 그 못된 녀석을 용서해달라고 기도드렸다.
마음이 편해졌다.

어느새 잠이 들었는지 모르지만, 눈을 떠보니 기분 좋은 아침이었다.

교장 선생님

고속버스터미널에서 점잖게 보이시는 손님 한 명이 탔다. 장거리 운행도 할 수 있느냐고 묻는데 목소리마저 부드러웠다.

"기사님, 제가 초등학교 교장을 지내다 정년퇴임을 했어요. 늦게 막내아들을 두었는데 군에 입대하여 전방에서 근무하지요.

아들 면회 가려고 방금 터미널에 내렸어요. 급한 김에 화장실을 들렀다 나왔는데 왠지 손이 허전하더라고요.

생각해보니 가방을 화장실에 두고 나왔지 뭡니까? 얼른 달려가 보니 역시 없더라고요.

전화기며 지갑 모두 가방에 들어있는데…

나도 이제 나이가 든 모양이에요. 제가 차비는 넉넉히 드릴 테니 집까지 좀 태워다 주시지요."

족히 5시간은 걸리는 먼 곳이다.

장거리 손님을 모셔주고 빈손으로 올라온 경험들이 택시 기사들에게는 화젯거리로 자주 등장한다. 사실은 나에게도 몇 번의 경험이 있기에 몇 가지를 여쭈어보았다.

교장 선생님은 자신의 인격이 무시되었다고 생각하셨는지 실망한 목소리로 말씀하셨다. "나를 못 믿는다면 세워주세요! 다른 차를 타고 가겠습니다."

시간과 요금이 많이 나오는 장거리인지라 신중하게 묻는다는 것이 손님의 자존심을 상하게 만든 모양이었다. 죄송스러운 마음에 교장 선생님께 즉시 사과를 드렸다.

토요일인지라 고속도로 입구까지의 정체가 극심하였다. 그러니 고속도로의 상황은 안 봐도 뻔했다. 목적지까지 다녀오려면 오늘 안에도 힘들겠다는 판단이 들었다. 몇 번을 망설이다가 교장 선생님께 내 생각을 말씀드렸다.

"선생님! 보시다시피 차량정체가 심합니다. 버스 전용차선을 이용하면 요금도 덜 들고 시간도 절약될 것입니다. 차비는 제가 드릴 테니 그렇게 하시는 것이 어떻겠습니까?"

"아~ 그렇게 해주시면 정말 고맙지요."

수입금이 부족해서 은행에 들러 6만 원을 찾아서 드리고는 고속버스터미널에 내려드렸다.

교장 선생님께서는 반드시 후하게 갚겠노라고 하며 전화번호와 계좌번호를 물었다. 기왕 착한 일 하는 것이기에 돌려받을 마음이 없었지만, 도리가 아닌 듯하여 알려드렸다.

다음날에도, 일주일 후에도 아무런 연락이 없었다.

교장 선생님을 사칭하다니…

하지만 무슨 재주로 그 사기꾼을 찾겠는가? 또 다른 선량한 택시기사가 속을 것을 생각하니 기가 막혔다.

몇 달 후, 서초동 건널목에서 낯익은 사람을 보았다. 틀림없이 그 사기꾼이었다. 보행 신호만 켜지면 길을 건너올 것이다.

원수는 외나무다리에서 만난다더니 옛말이 틀림없나 보다.

손님에게 양해를 구하고 차에서 내린 다음, 신호를 기다리는 사람들 틈에서 사기꾼을 기다렸다.
다른 누군가가 피해를 보기 전에 멱살을 잡고 경찰서로 끌고 가야 한다는 정의감이 불타올랐다.
사기꾼은 저승사자가 기다리고 있는지도 모르고 신호가 바뀌기만을 기다리고 있었다.

영문도 모른 채 택시 안에서 기다리고 있는 손님과 눈이 마주쳤다. 마음이 흔들렸다. 택시를 탄 손님이니 몹시 바쁠지도 모른다는 생각 때문이었다. 뒤차들도 줄지어 서 있다.
결국, 도로 차에 탔다.
손님은 왜 내렸었냐고 물었지만, 사실을 말하기가 곤란했다.

하느님께서 다른 택시기사들이 손해 보지 않도록 사기꾼을 어떻게 해주기를 청할 뿐이었다.

지혜로운 여인들

가끔 외짝 교우의 남편이 승차할 때가 있다. 택시 안의 십자고상을 보면 매우 호의적으로 말한다. 그래서 교우이겠거니 하고 묻는다.

"손님도 성당에 다니세요?"

"이제 나가야지요."

"나이 들면 갈 데가 어디 있겠습니까? 마누라 따라 성당에 다녀야지요."

"저는 회사 일 때문에 미루고 있는데 우리 애들은 요번에 세례를 받았더라고요."

그런 손님 중에는 부인과 함께 성지순례를 다녀온 분들도 있었고, 이탈리아로 출장을 갔을 때 일부러 성베드로 성당을 보고 온 분도 있었다. 그런 분들은 곧 성당에 나올 희망이 보였다. 아마도 부인이 끈질기게 기도하고 지혜롭게 처신한 결과이리라 여긴다. 그렇지만 아직은 진행형이다.

기사식당에서의 일이다.

식사 후, 택시기사 한 분이 자기가 국가정보 활동을 하는 공무원이었다고 말했다. 아무도 묻지 않은 과거사였지만 국가정보원이라는 흔치 않은 이야깃거리에 모두 귀가 솔깃했다.

평생토록 남들의 통화내용을 감청하고, 사람들의 동향을 감시한 사람이었다. 나름대로 끗발 있는 위치라서 기고만장하게 살아왔는데, 갓끈이 떨어지니 오갈 데가 없어지더란다.

더구나 남들이 자신의 일거수일투족을 살피는 착각에 빠졌으며, 심지어 TV를 보는 아내와 딸이 웃고 소곤거려도 자기를 흉본다는 생각이 들어 미칠 지경이었다고 했다.

이야기를 들어보니 참 딱하였다.

그는 담배를 피우며 이야기를 계속했다.

"생활을 바꾸어 보려고 택시회사에 취직해서 몇 개월 운전했지요. 하지만 입금하는 일이 보통 어려운 일이 아니더라고요. 내 돈으로 입금을 채워야 하는 날이 늘어가니 이 일도 할 짓은 아니더라고요. 그래서 회사를 그만두었지요.

집에서 할 일 없이 지내는데 택시회사에서 전화가 왔어요. 입금을 못 해도 좋으니 출근하면 어떻겠냐고, 그래서 다시 출근했지요.

일할수록 요령이 생겨 차차 입금도 채우게 되고 월급도 몇십만 원씩 가져다주니 집사람이 참 좋아하더라고요. 그렇게 3년을 마치고 개인택시를 샀는데 다니던 회사에서 퇴직금이라며 천만 원을 주더라고요."

나로서는 사납금을 면제해주는 회사를 이해할 수가 없었다. 더군다나 3년 만에 퇴직금으로 천만 원을 받았다는 사실은 믿을 수가 없었다.
그러나 얘기 속에 비밀의 열쇠가 있었다.

자기가 택시 일을 포기하자 아내가 택시회사를 찾아가 1,500만 원을 맡기며, 입금이 모자라는 액수는 이 돈에서 채우고 남는 것은 퇴직 때 돌려주도록 부탁했던 것이다.
그것도 모르고 자기는 시험 없는 학생처럼 사납금 부담 없이 일했다고 했다. 퇴직금으로 1,000만 원을 받았으니 그동안 못 채운 사납금이 500만 원인 셈이다.

만일 사납금으로 500만 원이 밀렸으면, 쌓이는 스트레스를 감당하기가 어렵다. 하지만 그는 현명한 마누라 덕에 지금은 우울증에서 벗어나 기분 좋게 개인택시를 한다며 껄껄대었다.

그 이야기를 들으면서 어느 부인이 남편을 변화시킨, 비슷한 이야기가 생각났다. 그분의 남편도 퇴직 후 우울증에 시달렸다. 궁리 끝에 부인은 신부님을 찾아가 부탁드렸다.

"신부님! 우리 성당은 경제적으로 어려워서 관리인이 없는 줄로 압니다. 제 남편을 관리인으로 써 주시면 어떻겠습니까?

월급은 걱정하지 마십시오. 제가 매달 신부님께 백만 원을 드리겠습니다. 남편에게는 비밀로 해주시고 허드렛일이라도 시켜주십시오." 신부님의 입장에서는 마다할 리 없는 제안이기도 했지만, 그 부인의 지혜가 감탄스러워 쾌히 승낙하셨다.

새 직장을 얻은 남편은 신나게 성당으로 출근하였고, 자동으로 매일 미사에 참여하니 신심도 깊어졌다. 물론 남편이 받아오는 월급 백만 원은 고스란히 신부님께 되돌아갔고, 남편은 다음 달에 그 돈을 도로 받아왔다.

남편은 이 내막을 알 리는 없지만, 월급을 받으면서 가장으로서의 체면과 위신이 다시 섰고, 우울증도 치유되었다.

지혜로운 부인이 남편을 건강하게 만들고 가정을 평화롭게 가꾸니, 색시를 잘 만나고 볼 일이다.

아름다운 부자

평화방송국과 명동성당 사잇길을 삼일로라고 부른다. 삼일로 가톨릭회관 후문은 평일에도 드나드는 교우들이 많다. 후원회, 단체, 기도회, 교육 등 행사가 많기 때문이다. 빈 차로 지날 때는 혹시 교우가 타실까 싶어 후문 앞에서 기다리곤 했다.

그날도 가톨릭회관 후문에서 기다리는데 할머니와 딸이 승차했다. 타자마자 앞에 모셔진 십자고상을 보시고 "어머, 우리 형제

님이시네!" 하며 반가워하셨다. 명동성당에서 나와서 그런지 얼굴마저 환하셨다.

목적지인 신길동으로 가는데 할머니께서 묻지도 않은 지난 일들을 풀어놓으셨다.

"우리 할아버지가 땅이 많았어요. 그런데 나라에서 강제로 수용하더라고요. 어쩔 수 없이 팔았는데 터무니없는 헐값이었어요. 억울해서 화가 났지만, 그 보상금으로 신부님들과 함께 성지순례를 다녀왔어요. 호호호."

정말로 낙천적인 분이셨다.

할머니께서는 할아버지가 소유하셨던 땅을 소개하는데 강남의 요지들이었다. 할아버지께서 돌아가신 후, 재산 기증을 주교님과 상의하였는데 어디서 들었는지 오갈 데 없는 이들과 사는 신부님이 급히 달려와 그 땅값을 달라고 하셨단다. 듣고만 있던 나는 궁금함을 못 참고 물었다.

"그래서요?"

"하는 수 없죠, 다 드렸지요."

"정말이요? 그 땅값이 얼마나 되는데요?"

40억 원이 넘을 거라고 하셨다. 70년대 말 강남 땅값이 몇만 원이었다고 하니 지금 돈으로 환산한다면 어마어마한 금액이다. 평생을 써도 다 쓰지 못할 만큼 큰돈이었다.

 오늘도 그 신부님의 후원 미사를 다녀오는 길이라고 하셨다. 전 재산을 가져가신 그 신부님께서 요즘도 "뭐, 더 없어요?"고 묻는 다며 또 깔깔깔 웃으셨다.

 나는 그 많은 재산을 기부했으니 유산을 잃어버린 딸의 마음이 어떨지 궁금했다. 룸미러로 뒤를 살펴보니 딸의 얼굴 역시 어머니와 다를 바 없었다. 그 어머니에 그 딸이었다.

 서양 속담에 "어리석은 자식에게는 재산을 물려주지 않고, 지혜로운 자식에게 재산을 물려주지 않는다."라는 말이 있다는데 과연 맞는 말인가 보다. 유산은 생각도 없는 밝은 얼굴이다.

 그렇게 많은 기부를 했으니 얼마나 좋은 집에 사실까 내심 궁금했다. 여기가 우리 집이라며 내리셨는데 누가 봐도 그냥 보통 수준의 집이다. 많은 재산을 하느님 나라에 쌓으셨음을 알 수 있었다.

 "재물을 하늘에 쌓아두어라. 거기서는 좀먹거나 녹슬어 못쓰게 되는 일도 없고 도둑이 뚫고 들어와 훔쳐가지도 못한다. 너희의 재물이 있는 곳에 너희의 마음도 있다."(마태 6, 20-21)

 "누구든지 세상 제물을 가지고 있으면서도 자기 형제가 궁핍한 것을 보고 그에게 마음을 닫아버리면, 하느님 사랑이 어떻게 그 사람 안에 머무를 수 있겠습니까? 형제 여러분 말과 혀로 사랑하

지 말고 행동으로 진리 안에서 사랑합시다."(1요한 3, 17-18)

"가난한 이들에게 베푸는 사랑은 마치 하느님께 돈을 꾸어주는 것과 같다."라는 말도 있다. 그동안 부자들은 많이 봐왔지만 이렇게 지혜롭고 아름다운 부자는 처음이었다.

지금도 할머니를 떠올리면 그 밝은 웃음소리가 여전히 귀에 맴돈다.

소통 불통

강남에서 여의도 가는 손님을 모셨다. 민심의 흐름을 잘 알고 있으리라 생각하셨는지 택시 기사인 내게 대통령 선거에 대한 여론을 물으셨다.
요즘은 택시에서 정치 얘기를 잘 안 한다고 대답했다.

손님은 어렸을 적 부산에서 살던 추억과 세상 돌아가는 많은 이야기를 해주었다.
말은 주고받아야 맛이 있는 법, 중간중간 나도 말을 하고 싶었지만 손님은 말을 가로채서 틈을 주지 않았다. 그렇게 나는 말 한 번 못하고 여의도까지 왔다.
그분은 정년퇴직하고 지금은 쉬고 있는데 요즘 잘나가는 모 방송국의 앵커가 친구라고 했다. 모셔드리고 생각해보니 손님을 TV에서 본 기억이 났다.
아, 언론인 어쩐지 말씀을 많이 하시더라니!

택시 운전을 하며 경험한 소통과 불통에 대하여 나도 말을 좀 해야겠다. 온 국민이 휴대전화를 소지하고 있다. 멀리 있는 지인들과 의지만 있으면 시간과 공간의 제약 없이 언제나 통화할 수 있다. 소통 만점 시대이다.

퇴근길에 손님, 네 분이 승차하셨다. 즐겁게 대화를 나누느라 시끌벅적했다. 그때 누군가 전화를 걸었다. 가만히 통화를 듣던 옆 사람들도 각자 전화를 건다.
요즈음 흔히 있는 택시 안의 풍경은 소통 만점 같지만 가까운 곳 불통이다.

손님이 날씨가 어떠냐고 묻기에 오후에 비가 온다고 말씀을 드렸다. 내 말을 듣는 줄 알았는데 누군가와 전화 통화를 하고 있었다. 괜히 대답했다는 생각이 들었다.
또, 말을 걸어왔다. 대답할까 말까 망설이다 다시 이야기를 나누었다. 내 말에 응대하는 줄 알았는데 알고 보니 전화기에 대고 한 소리였다.

앞만 보고 가는 택시 기사!
화가 나지만 참을 수밖에 없다. 먼 곳 가까운 곳 왔다 갔다 헷갈리는 소통이다.

통화하며 승차하고, 손가락으로 방향을 지시하고, 내릴 때까지 전화하는 사람.

잠시 목적지를 말하고 통화해도 좋으련만! 이런 일방소통 손님도 많다.

나는 아는 게 없어서 말을 못 하는 편이다. 그래서 듣는 것을 좋아한다. 상대가 지칠 때까지 들어줄 때도 있다.

언젠가 말을 많이 하는 교우에게 나도 몇 마디 말을 했다.

"언제까지 형제님 말을 들어야 하지요? 바오로 씨는 항상 자기 말만 해요!"

불과 일 이 분을 못 참고 언짢아한다.

얼마나 많은 이야기를 묵묵히 들어주었는데 말 많은 사람들은 남들이 말하는 것을 참지 못하고 상대방을 말 많은 사람으로 여긴다. 그래도 또 참는다.

지도자나 가르치는 사람은 남의 말을 들을 줄 알아야 한다. 소통은 주고받음으로써 형성되기 때문이다.

많은 손님을 대하는 택시 운전 오늘도 달려가며 생각한다.

'하느님과 소통하며 사람과 불통하는 사람!'

'사람과 소통하며 하느님과 불통하는 사람!'

작은 십자성호

서울에는 약270여 개가 넘는 성당이 있다. 택시 영업을 하다 보면 자주 성당 앞을 지나간다. 성당을 지나갈 때 이마에 '작은 십자성호'를 긋고 연옥 영혼을 위한 기도를 바치기로 했다.

"예수님, 저희 죄를 용서하시며 저희를 지옥 불에서 구하시고 연옥 영혼을 돌보시며 가장 버림받은 영혼을 돌보소서. 아멘!"

기도를 바치기 시작하니 모르고 지나치던 성당들이 눈에 들어왔다. 그리고 큰길에서 볼 수 없는 성당들이 내비게이션에도 보여도 기도를 바쳤다.

기도하는 시간이 늘어나고 나도 모르게 자동차와 나의 영혼을 비교하게 되었다.
전조등 불이 고장 나면 내 영혼에 빛이 있는지를 살폈고, 타이어가 펑크 나면 내가 신앙의 길을 잘 가고 있는지를 성찰했다.

잠시 운행을 멈추고 세수를 할 때도 영혼의 더러움을 씻어주시기를 부탁드렸다.

'하기 싫은 일에는 핑계가 보이고 하고 싶은 일에는 방법이 보인다 했던가?'
예전에는 작은 일에도 성당을 빠졌지만, 이제는 어떻게 하면 성당에 갈 수 있을까를 생각하게 되었다.

사람이 깨달음을 얻었다 하여도 실천하지 않으면 아무 소용이 없다. 그래서 구체적인 행동계획을 세우고 실천해 나갔다.

억울해도 참기, 자랑하지 않기, 유혹을 물리치기, 자주 고해성사와 영성체하기, 양보하기, 멋 부리지 않기…

용서하기, 용서 청하기, 내 뜻을 굽히기, 신중한 언행, 신앙서적 읽기, 욕심내지 않기, 기도하다 잠들기, 잠 깨면 기도하기, 식당에서 성호 긋기, 교우들과 어울리기…

직업을 천직으로 생각하고 기쁘게 일하기, 모든 이를 형제자매로 바라보기, 주님과 함께 걷기, 기도하는 마음으로 하늘나라에 가보기…

나쁜 기억 비우기, 집착에서 벗어나기, 잘못된 습관 개선하기, 실패해도 다시 하기, 경쟁하지 않기, 사람들의 평가에 신경 쓰지 않고 오로지 하느님께 집중하기…

나쁜 습성을 버리고 성령의 음성을 따르려고 애를 썼다. 이런 나를 무시하는 사람도 있었지만, 하느님 안에서 누리는 나의 행복을 빼앗지는 못했다.

장미꽃

처음 자동차 운전을 배울 때 안전운전을 위하여 "차간 거리를 확보하고, 끼어드는 차는 끼워주어라!" 하고 배웠다.

사고의 주된 원인은 과속, 신호위반, 차간거리 미확보, 차선변경을 들 수 있다.

주행 중 차선변경은 꼭 필요한 일이다. 그렇지만 정체 구간이나 차선이 합쳐질 때 차선변경이 끼어들기가 될 수 있다.

차선변경은 옆 차의 뒤쪽으로 진입해야 한다. 물론 그다음 차의 양보를 얻어 진입해야만 안전을 보장받을 수가 있다. 그렇지만 많은 운전자들이 옆차의 앞으로 밀고 들어오는 무리한 차선변경을 시도한다.

그것은 접촉사고의 주된 원인이며 상대 운전자가 양보하지 않으려는 심리를 불러일으킨다.

그리고 원만한 도로 상황에서 차선변경을 못 하도록 속도를 올려

달려들고 전조등을 깜빡이며 밀어붙이면 정말 화가 난다. 이러한 행위는 난폭운전으로 강력한 처벌을 받는다.

도로교통법 제49조 1항 8호 위반으로 과태료 범칙금을 내야 하는 벌금형은 물론이고 구류나 구속과 같은 민형사상의 처벌을 받을 수도 있다.

"끼어드는 차는 끼워주어라!"

언제든지 양보하기로 마음을 먹었다. 내 앞에 끼어드는 차들은 안전하고 마음 편히 차선을 변경했다. 미리미리 알아서 차간거리를 벌려주니 양보할 때마다 고맙다는 표시로 깜빡깜빡 신호를 보내준다.

하느님은 당신의 뜻에 맞는 기도를 언제나 들어 주신다. 참고 양보하는 선행을 죄인들의 회개와 연옥 영혼들을 위하여 성모님께 봉헌하기로 약속드렸다. 작은 희생도 성모님을 통하여 바치면 더욱 큰 공로가 된다고 배웠기 때문이다.

양보할 때마다 깜빡이가 깜빡깜빡, 한 번에 불 두 개가 들어온다. 빨간 불을 장미꽃 송이라 생각했다.

감사의 정이 많은 운전자는 숫자가 많아진다. 둘, 넷, 여섯, 여덟 송이, 열 송이…

　소소한 희생이지만 성모님께 장미꽃 송이를 바치는 마음으로 봉헌했다. 특별한 의미를 두니 양보할 때마다 너그러운 마음이 생겨나고 기분이 좋아졌다.

　성모님! 제가 습관적으로 양보할 때도 저의 일방적 약속을 꼭 기억해 주시기 바랍니다.
　매일매일 깜빡깜빡 운전자들이 빨간 장미꽃을 보내주었고 나는 많은 장미꽃을 성모님께 봉헌했다.

　'덕분에 나도 화를 잘 다스리게 되었다.'

피에타 상

택시 운전석 앞에 이런 문구를 붙이고 다녔다. "천주교 다니실 분 안내해 드립니다."

승객이 물었다.

"기사님, 천주교 다니세요?"

"예, 성당에 다녀요! 손님도 천주교 신자세요?"

"아니에요, 저는 개신교 신자예요!"

"아, 그러시군요!"

"저는 딸이 로마에 살고 있어요. 그래서 베드로 대성당에 가보았어요. 거기 미켈란젤로가 만든 피에타상이 있잖아요? 앞에서 바라보니 너무 감동적이었어요.

베드로 대성당에서 기도할 때는 성령이 임재하심을 느낄 수가 있었어요! 우리 딸도 그랬다고 하더라고요!"

내 눈을 바라보시며 말씀하시는 눈빛과 음성은 베드로 대성전에서 기도할 때 성령의 임재하심이 그대로 내게 전해지는 듯했다.

"우리 집에도 조그만 피에타상이 있는데 말씀을 듣고 보니 직접 가보고 싶어지네요!"

"아~ 그러세요, 저도 로마에서 올 때 작은 피에타상을 사 왔어요. 기사님도 한번 가보세요!"

성상을 우상숭배로 보는 개신교 신자에게 들은 말이다.

피에타상에 대하여 말씀하실 때 어머니며 여성으로서 남성들과 달리 큰 공감을 하셨을 것 같다고 말씀드리려고 했다.

그러나 지금도 주님의 임재하심을 그대로 간직한 채 말씀하시니 인간적인 느낌을 물을 수가 없었다.

'영적 신비로움 앞에, 인간적 감정이 무슨 소용이란 말인가!'

작가는 글자를 통하여 주님의 말씀을 전해주고, 화가나 조각가는 성화와 성물을 통해서 주님과 성인들의 이야기를 전해준다.

성경을 통하여 주님의 음성을 들을 수 있지만, 성화와 성물을 통해서도 주님의 현존을 느낄 수 있다. 그것을 통하여 말씀하시고 영감을 주시는 분은 바로 성령이시다.

택시에 부착한 십자고상을 바라본다. 나를 용서하시는 분, 나를 사랑하시는 분, 나의 미래를 책임지신 분…

'주님께 감사의 기도를 올리며 오늘도 달려간다.'

기분 좋은 날

택시 운전을 하며 지금껏 모신 승객이 어림잡아 50만 명은 될 듯싶다. 그분들은 동시대를 살아가며 나에게 도움과 정을 나누어 주신 고마운 분들이다.

돌이켜 보니 그동안 다양한 손님들이 내 차에 탔다. 목적지까지 말 한마디 하지 않고 가는 손님이 있는가 하면 가는 내내 수다를 떠는 손님도 있었다.

정치와 경제가 그 내용이 되기도 하였고, 집안일이나 개인 신상에 관한 내용이 이야깃거리가 되기도 했다.

속상한 내용도 있었고 기쁜 내용도 있었으며 비밀스러운 내용도 있었다. 응어리지고 맺힌 것까지 풀어놓고 가는 손님도 꽤 많았다.

처음 만났지만 이렇게 별별 이야기를 다할 수 있는 것은 잠시 후면 헤어질 택시이기 때문이다. 이야기를 들어주고 맞장구를 쳐 주는 것은 내 몫이다.

그런가 하면 손님들로부터 귤, 사탕, 껌, 옥수수 등을 받을 때도 있었고 설렁탕이나 한 그릇 하자고 해서 식당에 들른 일도 있었다. 술 한잔하자는 고마운 손님들도 있었지만, 술만은 응할 수가 없었다. 이렇듯 손님들의 따뜻한 인정은 나를 살맛 나게 해주었다.

한 번은 경기도 평택까지 가는 손님이 탔다. 가는 내내 이런저런 많은 이야기를 나누었다. 대화 중 손님이 아내에게 전화를 했다.
기사님과 함께 내려가고 있으니 닭백숙을 준비하라고 하는 게 아닌가? 그러면 안 된다고 했지만 그래도 된다고 계속 우겼다.
아무튼, 목적지에 도착하였고 손님의 집은 이층집이었다. 손님은 차비를 가져온다며 집으로 들어갔다.
잠시 후 이 층 창문을 열고 차비를 드릴 테니 어서 올라오라고 손짓했다. 돈을 받자니 하는 수 없이 올라갔다.

호탕하고 남자다운 기질이 있어 보이는 사람은 그 허세 때문에 아내의 표정이 밝지 않다는 것이 내 선입견이다. 이 층으로 올라가는 내 마음이 편치 않았다.
집안으로 들어서는데 그의 부인이 나에게 공손히 인사를 했다. 먼 곳에서 남편을 잘 모시고 와주셔서 고맙다고 하셨다. 따가운 눈총이나 받지 않을까 싶어 불편했던 마음이 순식간에 풀어졌다.

거실로 가니 백숙 한 상이 떡 하니 차려져 있고 구수한 냄새가 진동했다. 전화한 지 얼마나 되었다고 이런 근사한 요리를 준비하다니, 보통 솜씨가 아니었다. 더군다나 택시 기사를 위해 정성껏 따스하게 대접해주신 두 분께 깊은 감동을 받았다.
늦은 시간, 안 그래도 출출한 참에 정말 맛있게 먹었다.

식사를 하며 큰아버지 댁이 떠올랐다. 내가 어릴 적, 모르는 분들이 큰댁 사랑채에서 하룻밤을 묵고 식사 대접까지 받고 가시는 것을 자주 보았다.
큰아버지께서는 시골에서 꽤나 큰 부자였지만 부자라고 모두가 할 수 있는 일은 아니다. 내가 대접을 받고 보니, 그때의 그 배고프고 돈 없는 분들의 고마운 심정을 충분히 이해할 수 있었다.

서울로 올라오며 나그네를 정성으로 대접했던 아브라함과 사라가 생각났다. 아브라함과 사라는 낯선 나그네에게 음식을 대접함은 물론 발 씻을 물까지 대령했다. 하느님께서는 그런 그들의 믿음과 인품, 선행을 보시고 귀하게 쓰셨다.
나는 이 부부에게서 아브라함과 사라의 모습을 보았다.

'하늘의 수많은 별같이 은총 내려주시기를 기도드렸다.'

기억과 믿음

할머니 한 분이 동서울터미널에서 승차하셨다. 목적지를 여쭈어보니 어디를 가셔야 할지 모르셨다. 살펴보니 전화번호가 기록된 팔찌를 차고 계셨다. 아드님에게 전화를 걸어 위치와 상황을 알려드렸다.
"아이고, 아저씨! 고맙습니다." 할 줄 알았는데,
"어~ 저~" 하며 곤란해 했다.

아마 수없이 택시비를 낸 모양이다. 그래도 그렇지 제 어머니인데 괘씸한 생각이 들었다. 할 수 없이 경찰 지구대에 모시고 갔다. 상황을 설명하고 있는데 할머니의 반응은 매우 의외셨다.
'아니, 저 사람이 내가 정신없는 사람인 줄 아나!' 하시는 듯, 위아래를 훑어보시며 비웃으셨다.

한 번은 호텔 앞에서 큰 회사의 중역쯤 돼 보이는 손님이 타셨다. 출발하며 목적지를 여쭈어보았다. "잠깐만이요~" 하고는 뭔가

골똘히 생각한다.

교차로 앞에서 목적지를 다시 여쭈어보았다. 손님은 주머니와 가방 수첩을 이리저리 뒤지기도 하고 뚜렷하지 않은 행동을 했다. 가야 할 곳과 목적을 잊은 게 분명해 보였다.

기억을 도와주려고 집인지, 호텔인지, 손님을 만나려는지 귀띔을 해주었지만 결국 기억을 떠올리지 못했다.

"기사님! 여기서 내려도 될까요?"

괜찮다고 말씀드렸다.

사람이 가야 할 길을 잃거나 목적을 모른다면 온 세상을 다 얻었다 한들 무슨 소용이란 말인가!

택시요금 삼천오백 원을 내는 것, 그마저 기억을 못 했다.

가시는 뒷모습을 안타까운 마음으로 바라만 보았다.

기억의 소중함을 모르는 이가 있을까?

대수롭지 않거나 꼭 잊고 싶은 기억들도 있지만 잊어서는 안 될 기억들이 누구에게나 있다. 왜냐하면, 죽고 사는 문제도 있기 때문이다. 특히, 그리스도인들에게는 예수님이 가르쳐주신 생명의 말씀, 행복의 말씀, 계약의 말씀, 위로와 격려의 말씀들이 있다.

기억은 잊지 않는 한 언제나 현실이다.

천년도 하루 같으신 주님의 말씀은 과거도 미래도 오늘의 말씀이시다. 그러므로 주님의 말씀을 기억하고 믿는다면 그대로 이루어진다. 살아계신 주님의 말씀이기 때문이다.

내가 힘들 때마다 떠오르는 주님의 말씀은 즉석에서 큰 위로와 용기를 주셨다.

"내가 거룩하니 너희도 거룩한 사람이 되어야 한다."(레위 11, 45)
"성령을 받아라!"(요한 20, 22)
"서로 사랑하여라!"(요한 13, 34)

수시로 떠오르고 힘주시는 주님의 말씀을 기억하며 오늘도 희망차게 달려간다.

기도해 주어라!

늦은 밤 강남 터미널 택시 승차대. 술 취한 손님이 승차거부를 당하며 다섯 번째 서 있는 내 차까지 왔다.

"주님, 또 이런 손님입니까?"
"앞차가 태우기 싫으면 저도 태우기 싫습니다!"
"매번 이런 손님을 왜, 제게 떠맡기십니까?"

'할 수 없지!'
성당에 다니는 나마저 승차 거부할 수 없다. 타신 손님에게 왜, 앞차를 타지 않느냐고 따져 봐야 소용이 없다.
손님은 내 차에서 내리면 태워줄 사람이 없다고 생각했는지 앞차들이 빠질 때까지 꾹 참고 앉아 있었다.

목적지를 묻고 원하시는 길로 가고 있을 때 손님이 트집을 잡았다. 내가 이쪽으로 가자 했다고 꼭 이 길로 가느냐며 달리는 차에서 내리려고 문을 열어젖혔다.

　가끔 이런 분을 모시다 보니 요령이 생겨 집까지 잘 모셔다드렸다. 그렇지만 이런 손님 정말 태우기 싫다!

　폭력적 언행으로 불안을 조장하는 손님은 영적 성장을 위한 도구가 되어 주었다. 그래서 나를 가르치는 스승이란 생각을 하기도 했다. 하지만 뭔가 더 깊은 뜻이 있을 것 같았다.
　'정성껏 손님을 모시는데 왜, 나를 괴롭힐까?'

　그는 나의 기도가 필요한 사람, 주님께서 그를 보내셨다는 생각이 들었다. 주님의 말씀들을 떠올리며 더욱 폭넓은 묵상을 하게 되었다.

　우리는 하느님 앞에 서면 모두 죄인들이다. 죄인들은 이 세상에 어떤 악영향을 끼칠까? 세상의 법과 질서를 거스르는 사람, 삶이 행복하지 않은 사람, 스스로 구원을 거부하고 타인의 구원을 방해하는 사람, 성령 안에서 누리는 기쁨과 평화를 깨트리는 사람들이다.

　죄를 짓는 이는 늘 같은 잘못을 반복함으로써 자기를 괴롭히고 남들에게 피해를 준다.

죄의 연속성은 본인과 본인의 가족 더 나아가 세상 사람들을 힘들게 하고 아름다운 삶을 방해한다. 크게는 납치, 테러, 전쟁을 일으킬 수 있고 작게는 지나가는 사람에게 행패를 부릴 수도 있고 택시에서 나를 화나게 하는 사람일 수도 있다.

"너희는 원수를 사랑하여라. 너희를 미워하는 자들에게 잘해주고, 너희를 저주하는 자들에게 축복하며, 너희를 학대하는 자들을 위하여 기도하여라."(루카 6, 27-28)

우리는 범죄행위를 차단하고 보호해야 할 책임의 연대성이 있다. 그러므로 죄인을 용서할 뿐만 아니라 죄인을 위하여 기도하고 희생하고 사랑해야 한다. 그는 우리와 함께 구원받아야 할 나의 형제이며 주님께서 사랑하시는 사람이기 때문이다.

뒤돌아보면 나를 헐뜯고 괴롭히고 아프게 한 사람도 나의 사랑과 기도가 필요했던 사람들이었다. 나 역시 남들로부터 사랑받아야 할 사람이며 지금까지 많은 기도의 은혜를 받았다.

'나에게 행패를 부리고 억울하게 했던 손님, 그들은 내가 사랑하고 주님께 자비를 빌어주어야 할 나의 형제들이었다.'

주님의 일꾼들

하느님을 믿는다는 것은 기적이라고 할 수밖에 없다. 어떠한 말로도 보이지 않는 하느님을 설명하거나 이해할 수 없기 때문이다. 그렇지만 믿는 이들이 점점 늘어나고 있다. 정말 놀라운 일이다.

전교는 어떻게 이루어지고 있을까?
믿음의 씨를 뿌리고 자라게 하고 거두어들이는 것은 주님께서 하시는 일이다. 우리는 주님이 하시는 일을 거들어드리는 주님의 일꾼들이다.

씨를 뿌리고 자라게 하고 거두어들이는 일을 분담하는 주님의 지체로서 형제들이 뿌린 씨를 내가 거둘 수도 있고, 내가 뿌린 씨를 자매들이 거두어들일 수도 있고, 자라게 할 수도 있다.

택시 손님으로 만난 50대 아주머니를 입교시켰다.
우리 어머니를 대모로 맺어드렸고 세례받은 날 집에 초대되었다. 언니들이 여러분 계셨다. 집안 모두 신자이며 막냇동생이 이제야

세례를 받았다며 모두 기뻐하셨다.

"주 예수님을 믿으시오. 그러면 그대와 그대의 집안이 구원을 받을 것이오."(사도 16, 31)

언니들은 여성 총구역장, 반장, 레지오 단원에 모두 신심이 깊은 분들이었다. 집안 사정을 듣고 보니 동생을 위하여 열심히 권고하고 표양을 보이고 기다리며 주님께 기도했다는 것을 알 수가 있었다.
형제자매들이 서로 사랑하고 기도하는 가운데 주님께서 씨 뿌리시고 자라게 하시고 거두신다는 것을 깨닫게 되었다.

한 명도 입교시키지 못했다며 부끄러워하는 신자들도 있다. 그러나 입교는 시키지 못해도 전교는 열심히 해야 한다.
내가 거두어들이지 않아도 씨 뿌리고 자라게 하는 역할을 잘할 수 있기 때문이다.
전교는 거두는 일만 중요한 것이 아니다. 기도와 말과 표양으로 씨 뿌리고 자라게 하고 거두는 일에 열심히 봉사해야 한다.

'오늘도 택시에 모신 십자고상 앞에서 친절과 밝은 미소로 씨 뿌리며 달려간다.'

앗, 실수!

어느 봄날, 등촌동에서 마음씨 좋아 보이는 아주머니가 탔다.
"기사님, 중앙대학교로 가주세요!"
"네, 알겠습니다."

염창동을 거쳐 성산대교를 건너갈 때 아주머니가 말했다.
"기사님, 중앙대학교를 이 길로 가요?"
"네, 이쪽으로 갑니다."
길이 밀리지 않아 잘도 달려갔다.
연희동을 거쳐 홍제동을 지나가는데 아주머니가 웃으며 다시 물었다.
"중앙대학교를 정말, 이쪽으로도 가요?"
"아이고 걱정하지 마세요! 이래 봐도 제가 택시만 거의 30년입니다. 중앙대학교로 잘 가고 있습니다."

기분 좋게 달려가고 있는데 갑자기 이상한 느낌이 들었다.

'가만있어 보자. 중앙대학교라고 했지? 지금 잘 가고 있는 건가?'

아뿔싸! 나는 입으로는 중앙대학교라고 말하며 반대편인 국민대학교로 가고 있었다.

가슴이 철렁 내려앉았다.

이미 왕복 16km는 벗어났다. 눈앞이 캄캄하였다. 원숭이도 나무에서 떨어진다더니 내가 지금 바로 그 꼴이었다.

바빠서 택시를 타셨을 텐데 죄송해서 어쩔 줄을 몰랐다. 연거푸 사과하고 차를 돌려 급하게 달려갔다.

"성산대교를 건너실 때, 다른 빠른 길로 가시려나 했어요!"

정말 입이 열 개라도 할 말이 없었다.

중앙대학교 정문 앞에 도착했다. 하지만 이미 시간이 많이 지체되었다. 나도 염치가 있지, 도무지 차비는 받을 수가 없었다. 그래서 차비는 받지 않겠다고 말씀드렸다.

그러나 아주머니는 그럴 수도 있잖으냐며 굳이 차비를 다 내셨다. 차라리 화라도 냈으면 마음이 편했을 텐데…

'아주머니 죄송합니다! 감사합니다!'

친구 요한

본당 신부님을 모시고 흑석동성당 신부님 부친 장례미사에 갔다. 성당 마당은 추기경님을 맞이하려고 교우들이 줄지어 서 있었다.

그날 죽은 줄만 알았던 요한을 만났다. 요한은 나의 친구인데 20여 년간 연락이 끊긴 상태였다. 당시 뇌종양 환자였던 요한은 수술을 받아야 한다고 했다. 그 후로 어찌 된 이유인지는 모르지만, 연락이 끊겨 수술 도중에 잘못된 줄로 생각했다.

나는 착한 요한이 천국에 있다고 생각했다. 그래서 성인들에게 전구하듯 나를 위해 빌어 달라고 요한에게 기도했다. 그런 요한을 만나다니 놀라움과 기쁨은 말로 표현할 수 없었고 우리는 너무도 행복했다.

내가 그를 처음 만난 것은 성령 세미나에서였다. 첫눈에도 그의 얼굴은 이 세상 사람이 아닌 것처럼 빛났다. 기도하는 모습에서 하느님에 대한 그의 사랑과 믿음이 진지하게 느껴졌다. 그를 보면 어떤 어둠이나 부정적인 모습이 없었다.

  나는 그에게 마음의 문을 열었고, 나이와 상관없이 우리는 친구로 지내게 되었다. 그와 함께 있기만 하면 마음이 편안해졌고 영혼마저 정화되는 듯했다.

  요한은 새벽 3시에 일어나 기도로 하루를 시작한다. 그는 매일 미사를 드리고 여러 단체에서 열심히 봉사한다.

  독신으로 살아온 그는 내가 보기에 수도자와 같은 삶을 사는데 실제로도 그의 전화기에 입력된 전화번호 목록이나 문자는 유독 신부님과 수녀님들이 많다.

  그는 군인성당에서 봉사를 오랫동안 해왔다. 그때 만난 군인 신학생들은 사제가 되신 후에도 가깝게 지낸다. 그의 인품이나 신심으로 볼 때 능히 가능한 일이다.

  요한에게 양해를 구한 내용이지만 그는 움직이는 종합병원이다. 눈의 초점이 정확하지 않으며, 소아마비를 앓아서 한쪽 손과 발이 불편하고, 뇌종양으로 인한 후유증을 갖고 있다. 게다가 관절 마디마디에 참기 어려운 통증도 있다. 그러나 그는 장애를 겪고 있는 다른 친구들을 위해 봉사하며 세상 모든 이를 위하여 기도하는 사람이다.

한번은 이렇게 말한 적이 있다.

"형, 나는 가고 싶으면 어디든지 갈 수 있고 하고 싶으면 무엇이든 할 수 있으니 이만하면 괜찮잖아?"

아무렇지도 않게 말을 하였지만, 그의 여정에는 얼마나 힘든 과정들이 도사리고 있었을까?

장애를 갖고 태어난 사람이 부모나 자기의 죄 탓이라 믿던 제자들이 물었다.

"예수님께서 대답하셨다. '저 사람이 죄를 지은 것도 아니고 그 부모가 죄를 지은 것도 아니다. 하느님의 일이 저 사람에게서 드러나려고 그리된 것이다.'"(요한 9, 3)

나는 장애를 갖고 열심히 살아가는 분들을 사지육신 멀쩡한 나의 스승으로 생각하며 산다.

   요한이 나의 친구인 것이 자랑스럽고 나에게 최고의 선물을 주신 하느님께 감사드린다.

'요한, 그대가 나에게 얼마나 큰 영향을 미쳤는지 아는가? 내가 얼마나 그대를 좋아하고 존경하는지 알아주었으면 한다네!'

스테파노 형제

돈암동 고개를 넘어갈 때 전화벨이 울렸다. 친구의 울음 섞인 들릴 듯 말듯 꺼져가는 희미한 목소리가 들렸다. "기도 받고 싶다!"

손님을 모셔다드리고 급히 서울 성모병원으로 달려갔다. 밤 11시 어두운 병실에 친구와 가족이 기다리고 있었다. 스테파노의 생기 넘치는 그 모습은 어디로 가고 죽음 앞에 힘없이 떨고 있는 어두운 밤이었다.

무작정 주님께 살려달라고 기도했다. 가족들은 이미 죽음을 준비한 상태이지만 그렇게 기도할 수밖에 없었다. 나와 가족들의 눈에는 눈물이 홍건했다.

함께했던 지난 일들이 떠올랐다. 힘든 일도 마다치 않고 본당 일에 충실했던 나의 친구 스테파노 형제다.

스테파노는 암 진단을 받고 병원에서 1년간 투병 생활을 했다. 그리고 강원도에 있는 요양시설로 내려갔다.

몇 달이 지나 맑은 공기와 기도 생활로 병세가 호전되었음을 알려왔다. 목소리는 힘차고 생기가 넘쳤다. 건강한 몸으로 다시 만날 것을 생각하니 기쁘고, 감사했다.

그렇게 통화한 지 얼마 안 되어 병세가 급속도로 위독해졌고 다시 서울 성모병원에 입원하게 되었다.

기도를 바치고 병원문을 나서는 발걸음이 무겁기만 하다.

며칠 후, 선종을 알리는 문자가 날라왔다. 친구는 67년을 살고 주님께 돌아갔다. 교인으로서 죽음을 잘 준비하였고 투병 중에도 선종 후에도 가족과 교우들의 많은 기도를 받았다.

가족들은 스테파노 형제를 순례자들이 찾고 기도하는 절두산 성지에 모셨다.

승객을 모시고 강변북로를 달리면 절두산 성지를 자주 지나게 된다. 순교성인들과 함께 친구를 기억하며 기도를 올린다.

'친구야 잘 있지?'
'스테파노와 세상을 떠난 모든 이가 하느님의 자비로 평화의 안식을 얻게 하소서. 아멘!'

뼈만 남아서 가벼워요!

자정이 넘어설 무렵 젊은 손님이 택시를 세웠다. 눈치를 살피던 손님은 미안하지만, 골목길로 들어가자고 했다.

"기사님, 제가 타고 갈 것은 아니고요. 골목 안에 불편한 분이 계시는데 노량진까지 좀 태워다 주세요!"

큰길까지 나올 수 없는 분의 부탁을 받은 모양이다. 밤늦은 시간에 그런 청을 들어주다니 착한 사람이 틀림없다.

예수님께서 네 이웃이 누구인지 비유로 말씀해 주실 때 착한 사마리아인을 떠올리게 하는 젊은이였다.

골목길로 들어서니 가로등도 없는 어두운 곳에 노인 한 분이 웅크리고 앉아 있었다. 젊은이는 노인을 태워드리고 골목길로 사라졌다.

"할아버지 노량진으로 가신다고요?" 목적지를 확인하고 출발했다.

할아버지는 호흡기 질환으로 혼자 걸을 수 없어 누군가 도와주어야 움직일 수 있다고 하셨다. 말씀은 그렇게 하시지만 심각한 폐병 환자인 듯했다.

할아버지는 그래도 움직여야하기 때문에 나왔다고 말씀하시며 집이 언덕인데 차가 올라갈 수 없으니 업어 달라고 말씀하셨다.

나는 운전하느라 대충 듣고 있었지만 업어달라는 말씀에 다시 한번 확인해 보았다.

"업어 달라고요?"
"네, 뼈만 남아서 가벼워요!"
"아, 할아버지 걱정하지 마세요!"
'음~ 예수님께서 내게 선물을 주시는구나, 오늘 내가 예수님을 업어드려야지!'

목적지에 도착해보니 언덕길은 차가 올라갈 수가 없었다.

한편에 차를 세워두고 끈적끈적하고 역겨운 냄새 나는 할아버지께 등을 내밀었다.

"할아버지 업히세요!"
나는 예수님을 업는다고 생각했다.
정말, 예수님을 업은 듯했다.
'예수님! 제가 당신을 업었습니다.'

할아버지는 마치 새털같이 너무나 가벼웠다. 미안해하실까 위로 차원에서 한 말씀 드렸다.

"할아버지 제가 예전에 폐기종을 알아 고생한 적이 있어요. 숨을 제대로 못 쉬니 참, 답답하더라고요."

할아버지는 듣기만 하시고, 나는 언덕길을 올라갔다.

삼십여 미터쯤 올라갔을 때 갑자기 강한 중압감을 느꼈다. 새털같이 가벼운 할아버지가 왜, 이렇게 무겁지 너무 힘이 들어 숨을 제대로 쉴 수가 없었다. 얼마나 더 올라가야 할지 걱정이 됐다.

"여기, 좌측에 내려줘요."
'아이고 살았다!'

할아버지를 내려드리고 천 리 길을 달려온 듯 가쁜 숨을 급히 몰아쉬었다. 할아버지도 힘이 드셨는지 쭈그리고 앉아 말씀도 못 하시고 서 가라며 힘없는 손짓만 끄떡끄떡하셨다. 호흡이 부족하니 그러고 한참을 계셔야만 할 것 같다.

할아버지를 모셔드리고 동작동 국립묘지 앞을 지나는데 차마저 가볍게 사르르 언덕길을 내려간다.

힘은 들었지만 아주 기분이 좋았다.

봉사하는 이들의 손길이 얼마나 아름다운지 생각해보았다.
씻기고, 먹이고, 안아주고, 닦아주고, 입혀주고, 위로하고, 주님을 대신하는 이들의 노고가 존경스럽다.

'주님, 오늘 기분이 너무 좋았어요~!'
'그래, 바오로야. 오늘 너의 등은 넓고 따듯했단다!' 하시는듯 했다.

성 너머 수덕관

안암역에서 신부님이 네 분이나 타셨다. 내 차가 신부님들로 가득 찼다. 신부님이나 수녀님 한 번 모시는 것을 큰 영광으로 생각하는데 오늘은 내게 은총이 가득한 날이다.

더군다나 신부님들께서는 한 군데에서가 아니라 각자의 성당에서 내리니 성당만 네 군데를 돌아다녔다. 완전 대박이었다.

신부님들께서는 신학교 생활을 떠올리며 이야기꽃을 피우시느라 가는 내내 호탕하게 웃었다. 라틴어와 히브리어를 배울 때를 얘기하시는데 나로서는 이해할 길이 없었다. 하지만 신부님들의 웃음에 전염되어 그냥 따라 웃었다.

행복한 신부님들을 보며 아들 생각이 났다.

아들은 일반대학을 다니다가 군에 입대했다. 그런데 말년 휴가를 나와서는 복학을 안 하고 신학교에 가겠다며 부모의 동의를 구했다.

어렸을 때, 열심히 성당에 다니며 복사를 서기에 신부님이 되라고 권유해 보았지만, 아들은 가난한 사람들을 치료하는 의사가 되고자 했던 아들이다.

아내와 나는 자녀들이 일찍 결혼하는 것이 좋다고 생각했다. 특히 장남은 서둘러 결혼시킬 계획이었다.

막내의 학습지 선생님이 오면 애인이 있는지 묻기도 하였고, 참하게 생긴 아가씨를 보면 며느릿감으로 생각해보기도 했다.

앞으로 생길 손주들을 떠올리며 아내와 기쁘게 이야기를 나누기도 했다.

이미 손주를 본 친구들도 있어 그들의 손주 자랑을 들을 때마다 부러웠다.

아장아장 걷는 아기를 보면 눈을 뗄 수가 없었다. 곧 나에게도 다가올 기쁨이기 때문이다.

그런데 아들이 사제가 되겠다고 한다.

제대한 아들은 확신에 찬 모습으로 신학교 시험을 준비했다. 그 모습을 보며 우리 부부는 아들에게 걸었던 희망을 접었다. 대신 하느님께 아들을 봉헌하기로 마음먹고 열심히 기도했다. 아들은 합격했고 우리 곁을 떠났다.

택시운전을 하면서 혜화동 신학교를 자주 지난다. 정문 앞을 지날 때마다 그 안에 있을 아들이 그리웠다. 그러나 그 그리움을 다해 신학생들이 한 사람의 낙오 없이 사제가 되기를 기도했다.

요즘도 혜화동 신학교 앞을 지날 때면 시 한 수 읊는다.

성 너머 수덕관

새벽바람 소리에 빛을 따라 달려간 곳
거기 빛과 아들 있다
갈고 닦아 남 주어라 많이 받아 남 주어라
너의 뜻을 펼쳐라, 주님의 뜻을 펼쳐라

바꾸지 않으면
그대로 있게 마련이다!

"여러분은 현세에 동화되지 말고 정신을 새롭게 하여 여러분 자신이 변화되게 하십시오. 그리하여 무엇이 하느님의 뜻인지 무엇이 선하고 무엇이 하느님의 마음에 들며 무엇이 완전한 것인지 분별할 수 있게 하십시오." (로마 12, 2)

성수동 할아버지

늦은 밤, 성수동 뚝섬 경찰 지구대 앞에서 허리가 구부정한 할아버지 한 분이 타셨다. 얼른 지팡이를 받아드렸다. 당신 몸도 가누기 힘든 양반이 왜, 이렇게 무거운 지팡이를 들고 다니시는지 의아해했다.

그나저나 행색이 너무나 초라하시니, 차비 받기는 틀린 것 같다는 생각이 들었다.

"조오옹로오가아~"
"할아버지! 종로예요, 종로 5가예요?" 아무 말씀도 안 하셨다.
종로 가서 여쭈어보아야지!

"어두워서 안 보여~ 여기가 어디여~"
"한양대학교 쪽으로 가고 있어요. 할아버지!"
왕십리역을 지날 때 또 물으셨다.
"여기가 어디여~"

"우측에는 성동경찰서이고요, 지금 왕십리역을 지나가고 있어요~"
"으응? 귀가 잘 안 들려~"

중앙시장을 지날 때 궁금해하실까 큰소리로 말씀드렸다.
"할아버지 지금 왕십리 중앙시장 앞이에요!"
아무 말씀도 안 하셨다.
동대문운동장역에서 우회전할 때 "어디여~"
더욱 큰 소리로 "동대문 운동장이에요 할아버지~"
"여기 내려줘~"
종로가 아닌데 어떻게 하지!
하지만 손님이 원하시면 내려드려야 한다. 가시는 도중에 이곳에 내리려고 종로를 가자고 하셨나 보다.

차비는 어떻게 하실지 궁금했다. 꼭 쥐고 있던 만 원짜리를 내미시던가, 돈이 없다고 하실 줄 알았는데 큼직한 지갑을 꺼내셨다. 넘겨보니 지갑에 만 원짜리가 두둑하시다. 부자 할아버지셨다.

사람이 죽으면 즉시 하느님 앞에서 사적 심판을 받는다고 한다. 만약에 할아버지가 내게 다가오신 예수님이었다면 나는 어떻게 될까?
두려운 마음이 들었다.

승객의 마음을 살피며 손님이 원하시는 친절 봉사가 나의 영업 방침이다. 그렇지만 오늘 할아버지를 모시며 손님의 뜻을 하나도 헤아리지 못했다.

본당 공동체 생활도 마찬가지였다.

남들이 바라지도 않는 것을 실천하고 이웃을 사랑했다며 자만에 빠진 적도 있었다. 주님의 뜻인 줄 알고 실천했던 말과 행동이 내 속셈이었던 적도 있다.

은총으로 이루어진 봉사의 열매가 내 능력이었던 양, 하느님 영광을 얼마나 많이 따먹었던가!

택시 운전은 늘 죽음 앞에 서 있다. 늦기 전에 생각과 말과 행동을 바꾸지 않으면 안 된다!

"나에게 주님, 주님! 한다고 모두 하늘나라에 들어가는 것이 아니다. 하늘에 계신 내 아버지의 뜻을 실행하는 이라야 들어간다.

그 날에 많은 사람들이 나에게, '주님, 주님! 저희가 주님의 이름으로 예언을 하고, 주님의 이름으로 마귀를 쫓아내고, 주님의 이름으로 많은 기적을 일으키지 않았습니까?' 하고 말할 것이다.

그때 나는 그들에게, 나는 도무지 너희를 알지 못한다. 내게서 물러가라, 불법을 일삼는 자들아! 하고 선언할 것이다."(마태 7, 23-24)

화날 때 주님 생각

세상 싸우자고 태어난 것은 아니지만 살다 보니 언성 높일 일도 많다. 뉴스를 보면 다툼은 왜 그리 많은지? 행복한 뉴스만 전문으로 하는 방송이 있었으면 좋겠다.

서울 서초구 서초동에 가면 법원, 검찰청, 경찰서, 경찰 지구대, 변호사 사무실, 법무사 사무실이 많다. 법적 다툼으로 사람들이 북적인다.

누구나 삶의 질을 망치는 나쁜 습관이나 타고난 기질 한두 가지는 있게 마련인가 보다. 못된 성질을 바꾸고 싶지만, 뿌리 깊은 나무와 같이 꿈쩍도 않는 산과 같이 변할 줄 모른다. 오죽하면 '세 살 버릇 여든 간다'라는 말이 있을 정도다.

나도 성격이 다혈질이라 잘못을 보면 정의의 사자나 된 듯 으르렁댄다. 참을성이 부족하고 덕이 부족해서 그렇다.

택시에 십자고상을 모시고 다니는 사람으로서 할 짓이 아니란 생각이 들었다. 궁리 끝에 좋은 생각을 해냈다.

'주님, 제가 화날 때 주님 생각이 나게 해 주십시오!'
생각은 좋았지만, 막상 화낼 일이 생기면 주님 생각은 나지 않고 화부터 냈다. 한참 뒤에 주님 생각이 떠올랐다.
'주님, 화날 때 주님 생각이 나야 화를 안 내지요!'
'너그럽게 대할 마음이 식기 전에 저를 괴롭힐 손님이 빨리 타게 해주십시오!' 하고 기도드렸다.
마침내 바라던 손님이 탔다.
내 자존심을 마구 후벼 팠다.
기도는 했는지 안 했는지 모르겠고 못된 성질머리가 머리끝까지 치솟았다.

욱! 불같은 성질이 튀어나올 때,
휙! 주님 생각이 머리를 스쳤다.

순간, 마음이 차분해지고 화가 진정되며 너그러운 사람같이 되었다. 난생처음 화날 때 주님을 떠올리게 되었고 그 결과는 매우 놀라웠다.

"내가 진실로 너희에게 말한다. 누구든지 이 산더러 '들려서 저 바다에 빠져라.' 하면서, 마음속으로 의심하지 않고 자기가 말하는 대로 이루어진다고 믿으면, 그대로 될 것이다.

그러므로 내가 너희에게 말한다. 너희가 기도하며 청하는 것이 무엇이든 그것을 이미 받은 줄로 믿어라. 그러면 너희에게 그대로 이루어질 것이다.(마르 11, 23-24)

화내는 일이 점점 줄어들고 감사하는 마음이 늘어났다. 가끔 실수할 때도 있지만 지금은 잘 참는다. 그러므로 손해를 덜 본다.

'예수님 때문에 손해 보는 것, 참는 것, 베푸는 것, 그것이 사랑이라고 생각되었다.'

손이라도 들어 줄걸!

상도동 이화약국에서 중앙대로 넘어가는 고갯길은 편도 일차선으로 좁고 차량도 많다. 그 길로 들어설 때 손님이 손을 들었다. 택시를 세울 때 뒤차가 경적을 마구 울려댔다.

손님이 승차하실 때, 뒤 차 운전자는 택시 옆에 차를 붙여대고 못된 말을 해댔다.
손님이 "나 때문에 그런 거예요?" 하고 물으셨다.
"아니에요. 손님!"
옆 차 운전자에게 말했다.
"어떻게 하라고!"
이 말에 더욱 화가 났는지 "뭐! 어떻게 하라고?" 택시 앞을 가로막고 내려왔다.
대꾸하기 싫어 창문을 올리니 문짝을 마구 두드리며 입에 담지 못할 소리를 쏟아냈다.
가만 보니 젊은 사람이고 의미도 없는 다툼이라 여겨져서, 그에게 그냥 가면 어떻겠냐는 뜻으로 고개를 끄덕이며 앞으로 가자고 부드럽게 손짓을 했다.

　젊은이는 화가 났지만, 크게 따지지 않고 차에 올라탔다. 하지만 출발하고 얼마 못가 앞차들 때문에 멈췄다. 나도 그 뒤에 섰다.

　손님을 태우도록 젊은이가 기다리고 양보해 보았자 5m 간격이다. 이것 때문에 성질을 낸 것은 아닐 게다. 젊은 사람이니 달리고 싶은 마음에 화를 냈을 것이다. 예전에 나도 그랬으니 말이다.

　오늘, 아내와 등산을 하며 어제 있던 이야기를 했다.
　"지금 생각해보니 젊은이에게 미안하다 손이라도 들어줄 걸 그랬나 봐요, 어찌 됐든 진행에 방해가 되었으니 말이오!" 언제나 남의 마음을 헤아리는 사람이 될는지 원! 하며 중얼거렸다. 듣고 있던 아내가 한마디 거들었다.
　"또 그런 일이 있으면 잘하시겠지요!"

무임승차

택시 영업을 하면서 악취로 인해 곤란함을 많이 겪었다. 담배 냄새와 김치 냄새, 특히 트렁크에 흘린 간장 냄새 때문에 도중에 하차하시는 손님도 많았다.

술에 취한 승객이 차 안에다 구토한, 생각하기도 싫은 경험도 부지기수였다.

노숙자 한 명이 무임승차를 했다. 차비는 그렇다 쳐도 역겨운 냄새를 도무지 참을 수가 없었다. 다음 손님도 분명히 이 냄새를 맡을 것을 생각하니 속이 다 뒤집어졌다.

'에잇, 더러운 사람 같으니라고!'

그러나 입장을 바꾸어 보니, 나도 씻지만 않으면 역겨운 냄새를 풍기고 사람들에게 경멸의 대상이 되는 것은 마찬가지라는 생각이 들었다.

그래, 몸과 옷에 묻은 것이 더러운 것이지 사람이 더러운 것은 아니다. 냄새나는 옷을 입고 있는 이 사람도 주님 안에서 내 형제다.
사람마다 상황이 다르니 기도는 못 할망정 비난하지는 말자!
사람이 더럽다고 여기는 잘못을 범하지 않도록 냄새를 참자!

이 노숙자를 만난 후로는 술 취한 손님이 구토를 해도, 어떠한 냄새가 나도, 주님을 생각하며 창문을 열지 않았다.
물론 손님이 창문을 여는 것은 말리지 않았다.

결심대로 하다 보니 아무리 역한 냄새도 조금만 지나면 코가 마비되어 무덤덤해졌다.
역시 하느님께서는 감당하지 못 할 일을 나에게 요구하지 않으셨다.

냄새를 참고 인내하는 시간이 늘어나면서 짜증보다는 손님을 이해하는 마음이 생겨나기 시작했다. 본인도 어쩔 수 없는 다양한 처지와 유한한 인간의 한계성으로 인해 얽히고설킨 삶이 보였다.
또한, 나를 비롯한 모든 인간에 대한 측은지심, 그런 인간에 대한 하느님의 사랑이 느껴졌다.

인내는 새로운 것을 볼 수 있게 해주었다. 그리고 화나고 짜증 날 일을 귀한 체험으로 만들어주시는 하느님께 감사드렸다. 아울러 내 생각과 말과 행동에서 악취가 아니라 향기가 날 수 있도록 노력할 것을 결심했다.

'무임승차한 형제여, 고맙소!
그대, 냄새 나는 옷을 입었구려!'

고덕동 가는 손님

부부인 듯한 손님이 타셨다. 사이가 몹시 안 좋아 보여 목적지를 묻기에도 조심스러웠다. 가는 내내 금방이라도 터질 듯한 시한폭탄을 실은 것 같았다. 손님이 내리고 나서야 안심이 되었다.

두 분이 내리자마자 웬 젊은이가 다가왔다. 검은 양복과 건장한 체격 게다가 짧은 머리였다. 얼른 출발하고 싶었지만, 이미 차 문이 열렸다.

불길한 예감이 몰려왔다. 불행하게도 이런 예감은 대부분 적중해왔다. 그래서 승차 거부를 하고 싶었던 적이 얼마나 많았는지 모른다.

아니나 다를까 차에 타자마자 발을 꼬고 앉더니 의자를 뒤로 확 젖혔다.

"고덕동!"

목적지를 말하는데 손가락을 까닥거리며 반말을 했다. 이제 겨우 서른 즈음 되어 보이니 내 아들뻘이다. 모멸감이 닥쳐왔다.

가는 도중에 못 볼 것을 보고 말았다. 그가 구둣발로 전면에 부착된 택시자격증의 내 사진을 밟고 있었다.
"이유희, 혹시 대리운전 아냐? 사진을 보니 개인택시 맞긴 맞네."
그는 비아냥거리는 말투로 기어코 내 속을 뒤집어 놓았다.
운전하는 손이 떨렸다. 승차 거부로 신고를 당하더라도 그냥 지나쳤어야 했는데, 몹시 후회스러웠다.

가까스로 흥분을 가라앉히며 예수님을 생각했다.
'그분은 수염도 뽑히시고 침 뱉음도 당하시고 매도 맞으시고 가시관도 쓰셨는데…'
운전하는 내내 절박한 심정으로 기도를 바쳤다.
그러나 이런 내 믿음을 시험하려는지 그는 신호가 걸릴 때마다 여전히 손가락으로 지시하며 반말을 했다.

"빨리빨리, 쭈욱 가, 쭈욱" 그럴수록 나는 수고수난하신 주님만을 생각하며 마음을 온화하게 다스리고자 하였다. 오히려 입가를 올리고 상냥하게 대접해주었다.

"우측으로, 좌측으로, 그래 여기!"
골목길을 돌아 드디어 목적지에 도착했다. 요금을 받을 수나 있을지 모르겠다. 아니 요금은 안 받아도 상관없으니 조용히 내려주기만 하면 다행이란 생각이 들었다.
 손님이 요금을 내며 내 얼굴을 뚫어지게 바라보았다. 마지막까지 불안 불안했다.

"아저씨! 우리 아버지하고 똑같이 생기셨습니다. 일찍 돌아가셨지만, 너무 닮으셨습니다. 그래서 더 꼬장을 부렸습니다. 죄송합니다."
 의외였다. 탈 때와는 다르게 공손하게 내리더니 코가 땅에 닿도록 허리 숙여 인사를 했다.

 내가 그의 부친과 닮았다는 이유로 수모를 당하다니 어처구니가 없다. 더군다나 나는 이런 일을 당해도 어디 하소연할 곳조차 없는 택시 기사일 뿐이다.
 그렇지만 고통의 주님을 생각하며 기도하고 인내할 수 있는 신앙인이라는 것이 얼마나 다행인지 모른다.

 골목길을 나오며 주님께 감사기도를 드렸다.
 '주님, 참을 수 있게 해 주셔서 감사합니다. 정말 감사드립니다.'

두 사람과 나

　수사님이 택시에 타셨다. 나는 평신도, 마음만은 수도자의 정신으로 살고 싶다는 생각이 들었다.
　사랑, 겸손, 순명, 청빈, 구도, 정화, 비움, 가난 이러한 단어들이 내 마음을 사로잡는다.

　주님의 은총을 통하여 큰 인내심이 주어졌지만 덕과 성령의 열매들이 부족함을 알게 되었다. 특히 절제의 덕이 부족했다.

　수도자들은 어떻게 살고 있을까? 바오로 서점에 들러 수도계율에 관한 책이 있는지 찾아보았다. 내용은 잘 모르지만, 준주성범이란 책이 눈에 띄었다. 구매하여 읽어보니 예수님의 제자가 된 기분이 들었다.

　성인들께서 쓰신 책과 그분들에 관하여 쓴 책들을 읽었다.
　사람의 영혼, 특히 내 마음을 들여다볼 수 있게 되었다.

'나도 주님께서 바라시는 영혼이 되고 싶다!'

심오한 진리를 깨달은 사람도, 병 고치는 능력을 받은 사람도, 마귀를 쫓아내는 사람도, 잘못된 생각과 말과 행동을 바꾸지 않는다면 그대로 있게 마련이다.
평신도로서 할 수 있는 만큼 해보기로 했다.

깊은 성찰을 통하여 자주 짓는 죄와 잘못된 습관을 살피고 원인과 배경을 검토 분석하고 주님께 은총을 구하며 한 가지씩 고쳐 나갔다.
잘못된 습관을 바꾼다는 것이 매우 어렵지만, 주님께서 하나둘씩 바로잡아 주셨다.
고쳐지고 제자리를 잡을 때마다 삶을 짓누르던 무거운 짐들이 하나둘씩 벗어남을 알 수 있었다.
많이 진보했다는 생각에 매우 기뻤다.

어느 날 천호역에서 동부지검으로 가는 손님이 타셨다. 내게는 동부지검으로 가자고 하셨지만, 전화 통화를 듣자니 구의역 1번 출구에서 만나자는 내용이었다.
천호대교를 지나 동서울터미널에서 직진 신호를 기다리고 있을 때 손님은 답답했는지 신호를 무시하고 가라고 했다.

"그냥 가!"
"손님! 여기는 복잡하고 위험한 도로이니 신호를 지켜야 합니다!"
그때 건널목 보행자 신호에서 우회전하는 차량이 있었다.
"그럼 쟤는 뭐야?!"
"저 차는 그래도, 제가 손님을 안전하게 모셔야죠!"
손님은 우회전 차량을 향해 상스러운 욕을 마구 퍼부어댔다.

진행하던 중 한 대의 차량이 앞질러 갔다.
"이 차는 법대로 잘 가는데 저 차는 뭐야!" 하며 또 험악한 욕설을 쏟아냈다.
뜻대로 안 되니 독기가 한껏 올라있다.
그렇지만 잘 참으며 목적지까지 왔다. 구의역 1번 출구에서 만나자는 통화를 들었지만 직접 물어보아야 한다.

"손님! 구의역 어디시지요?"
"야, 구의역 1번 출구라고 했잖아! 그리고, 차비 안 낼 건데 어쩔 거야?" 하며 내게 욕설을 해댔다.

그만 화를 참지 못하고 브레이크를 끼익 밟았다.

인내와 친절, 온유와 절제로 이끌어 주시는 부드러운 성령의 손길을 뿌리치는 순간이었다.

내 마음 내 뜻대로 하는 어리석음은 끝없이 어둠 속을 질주할 것 같은 분노와 폭력성으로 되살아났다.
"눈에는 눈 이에는 이" 당한 것을 그대로 퍼부었다. 아니, 배로 갚았다.
그리고 내가 쌓은 공든 탑도 무너졌다!

얼굴, 마음의 거울

택시 운전 손님들과 주고받는 맛이 있다. 표현하자면 단맛, 쓴맛, 감칠맛, 매운맛, 떫은맛이 있다. 그중 내가 가장 감당하기 어려운 손님은 떫은맛을 내는 손님 이런 손님은 불안을 조성하고 싸움을 걸고 차비를 안 내고 밖에서 당한 화를 택시 안에서 풀기도 한다. 승차 거부와 불친절로 신고하면 기사가 불이익을 받는다는 것을 알고 있기 때문인 것 같다.

혐오스럽다고 느낄수록 조심스럽게 손님을 모시는데 차비는커녕 욕을 먹는 경우가 허다하다. 정말 왜, 그러는지 모르겠다. 그래서 손님 탓만 할 게 아니라 혹시 나에게도 문제가 있지는 않나 살펴보기로 했다.

혐오스럽다고 느끼며 손님을 보는 나의 얼굴은 어떤 모습일까? 조심스러운 눈빛으로 자신을 살피는 기사의 얼굴이 기분 나쁘고 오히려 혐오스러울 것만 같았다.

 마음은 눈빛과 얼굴에 드러난다. 내가 상대방의 얼굴을 읽을 때 상대방도 내 얼굴을 읽고 있다는 것을 왜, 몰랐을까?

 내가 너를 모를 줄 아느냐 이 위선자야!
 너는 손님의 얼굴을 보면서 손님이 네 얼굴을 본다는 것을 왜, 생각해보지 않았느냐?
 미워하면 미워한다고 네 얼굴에 쓰여있다!
 혐오스럽게 보면 혐오스럽게 본다고 네 얼굴에 쓰여있다!
 살피면 살핀다고, 의심하면 의심한다고, 무시하면 무시한다고 네 얼굴에 쓰여있다!

 손님을 보는 내 얼굴에 내 마음이 담긴다는 생각에 이르니 자신의 어리석음을 크게 반성하게 되었다. 그리고 손님을 잘 모시기 위해서 선입견과 편견을 버려야 한다는 것도 깨달았다. 하지만 넘어설 자신이 없었다. 그래도 넘어야 할 산이다.

 경쟁의식에서 벗어나려면 인생을 이해하고 포용하는 마음, 삶의 고뇌를 사랑으로 바라보는 온유한 마음이 있어야 한다.
 인간 존엄성에 대한 존경과 사랑의 마음이 없다면 흔들림 없는 눈빛으로 상대를 바라볼 수가 없다. 모든 삶을 뛰어넘는 통찰력과 사랑이 필요하다는 것을 깨닫게 되었다.

어느 날, 차비가 없는 손님이 타셨다.
요금을 안 내려면 택시 기사에게 트집을 잡고 그래서 화를 낸 기사 때문에 돈을 낼 수 없다고 오히려 화를 내는 방법이 있다.
목적지에 도착하면 "돈이 없으니 마음대로 해라!" 배짱을 부리는 방법도 있다.

손님은 목적지에 앞서 트집을 잡고 막말을 하고 화를 돋우려고 이리저리 내 마음을 찔러댔다.
차비가 없다는 것을 탈 때부터 감을 잡았기에 요금을 받지 않을 생각이었다. 그래서 심하게 흔들어도 평정심을 잃지 않고 진심 어린 마음으로 대해 주었다.

목적지에 도착 후 손님이 화난 얼굴로 말했다.
"차비 안 낼 건데 어쩔 거야!"
"네, 그렇게 하세요."
손님의 표정이 묘했다.
차비가 없다면 그럴 수도 있지 않겠느냐며 괜찮다고 했다.
손님은 양심의 가책을 느꼈는지 내리지도 못하고 쩔쩔매고 있었다.

"아이고 어쩌다 차비가 없을 수도 있잖아요?"

"제가 다음 손님을 모셔야 하니 그냥 내리시는 게 저를 도와주시는 거예요!"

머뭇거리던 손님이 차에서 내렸다. 진심인 듯 깊이 고개를 숙이며 말했다.

"반성하겠습니다."

속박과 자유

앞서가던 택시에서 여자 손님이 내렸다. 그리고 내 택시로 갈아 타셨다. 왜, 그랬을까 안색을 살펴보니 매우 밝아 보이신다.

내리실 때 손님께서 말씀하셨다. "기사님 차는 담배 냄새가 나질 않아 좋아요." 하시며 팁까지 챙겨주셨다.

다음 승객은 남자분이었는데 담배를 피운다며 창문을 내리셨다. 더워서 에어컨을 틀었고, 가시는 곳도 멀지 않으니 조금만 참아달라고 양해를 구했지만, 손님은 담뱃불을 붙이셨다.

담배 피우던 지난날 내 모습이 떠올랐다.

오래전이었다. 담배를 끊기 위해 실패를 무릅쓰고 반복된 노력을 기울였지만 금단 현상이 얼마나 심한지 술자리에 앉게 되면 옆에 있는 친구의 담배를 언제 내 입에 물었는지 나도 몰랐다.

어지럼증과 터질 듯 헛배가 불러와 병원에서 처방해준 약을 먹어도 소용이 없었다. 그렇지만 한 대만 피우면 언제 그랬냐는 듯 헛배가 꺼지고 마음이 평온해졌다.

 일주일을 끊어보고, 한 달을 끊어보고, 일 년을 끊어도 한 대만 피우면 공든 탑이 무너지듯 모두 허사였다.
 언제나 담배를 소지해야만 안정감이 오고, 추운 겨울에도 베란다에서 담배를 피워야 하고, 담배가 떨어지면 재떨이를 뒤지고, 자다 말고 담배 가게를 다녀오고, 속상하면 피우고, 음식을 먹으면 피우고, 심심해도 피웠다.

 누가 담배를 끊어야 한다고 말하면, 남들에게 피해를 주는 생각은 하지 않고 어떻게든 합리화시켜 내 중심적으로 말을 했다.
 담배를 피우려고 미사가 빨리 끝나기를 기다리기까지 했다. 그렇게 나는 담배에 속박당한 사람이었다.

 남들은 담배를 잘도 끊건만 나는 왜 이 모양일까?
 주님께 기도하며 굳은 의지를 내세웠다.
 '한 대만 안 피우면 된다!'

 그렇게 십 년 세월을 넘겼고 나는 담배로부터 자유로운 사람이 되었다.

욕심이 생겼다. '모든 것에 자유로워지고 싶다!'
영적 자유를 누리기 위해 습관적인 죄와 악습(교만, 인색, 음욕, 탐욕, 질투, 분노, 나태)의 고리를 끊기로 결심했다.

죄와 악습을 끊는 것은 매우 힘든 일이지만 그 고리를 끊고 나면 내적 자유를 얻게 된다는 확신이 들었다.

바꾸지 않으면 그대로 있게 마련이다!
욕심을 버림과 비움은 영적 채움이다!

죄와 악습을 끊기 위해 용기를 내었다.

"죄를 끊어버립니까? 예, 끊어버립니다!"
"마귀를 끊어버립니까? 예, 끊어버립니다!"

"죄를 짓는 자는 누구나 죄의 종이다. 종은 언제까지나 집에 머무르지 못하지만, 아들은 언제까지나 집에 머무른다. 그러므로 아들이 너희를 자유롭게 하면 정녕 자유롭게 될 것이다."

(요한 8, 34-36)

'주님, 저에게 자유를 주십시오!'

미워하지 않으려고, 화내지 않으려고, 보복하지 않으려고, 험담과 이간질에 흔들리지 않으려고, 교회의 가르침을 따르려고 무던히 애를 썼다.

자주 고해성사를 보며 내적 힘을 주시라고 기도했다. 그렇지만 미끄럼 타듯 오르락내리락 잘도 미끄러졌다.

미끄러질 때마다 하느님이 주신 평화를 깨뜨리고 비웃는 마귀의 간교함이 떠올랐다. 그래서 나는 더욱더 오기가 생겼다.

'너, 마귀와 죄의 뿌리들 나는 담배를 끊듯 너를 쳐낼 것이다!'

'악습과 마귀는 그렇게 기도하며 반복하고 끊어 내는 것이다.'

주님을 만나는 마음으로

호출을 받고 출발지에 도착했다. 손님은 아기를 안고 있는 젊은 엄마였다. 작은 짐 하나와 기저귀 가방을 먼저 차에 싣고 아기와 함께 타셨다.

나는 아기들이 탈 때마다 기분이 좋아진다. 저출산 시대에 아기를 낳아준 엄마에게도 늘 감사한 마음을 느낀다.
손님을 정성껏 안전하게 목적지에 모셔드렸다. 이 정도면 잘했다고 생각하며 흐뭇한 마음으로 손님이 내리시는 모습을 바라보았다.

승객을 내려드리고 주행 중 손님의 불편했던 모습이 떠올랐다. 탈 때와 다르게 내릴 때는 짐을 챙기고 아기를 안고 문을 열고 동시에 내리기가 쉽지 않아 보였다.
아, 얼른 문을 열어 드릴 걸, 미안한 마음이 들었다.

다음부터 손님이 타실 때 문을 여닫아드려야 할지 아닐지 미리 살피기로 마음먹었다.

'아니, 모든 손님을 주님을 만나는 마음으로 모시기로 작정했다.'

택시 호출을 받았다.

손님이 휠체어를 타고 보호자와 함께 나를 기다리셨다.

할아버지셨는데 인품이 훌륭하신 분으로 느껴졌다.

목적지는 서울대학병원, 정속 주행과 안정감 있게 편안함을 드리려고 마음을 기울였다.

'주님을 모시는 마음으로' 모시니 내 마음이 전달된 듯 편안해 보이셨다.

목적지에 도착해서 문을 열어 드리고 할아버지께서 편히 휠체어에 오르시도록 보호자를 도와드렸다.

"할아버지 진료 잘 받고 가세요!"

할아버지는 보호자와 함께 연신 고맙다며 병원으로 들어가셨다.

징그러운 놈들!

양원성당은 농사지을 넓은 밭도 있다. 늘 수고하시는 관리장님은 배추 농사를 무공해로 짓기 위해 풀을 뽑고 벌레를 잡으시는데 배추를 보면 구멍이 뻥뻥 뚫려있다.

"형제님, 이게 좋은 거예요!
보기에는 이래도 완전 무공해라 사람에게 좋은 거랍니다." 하며 웃으신다.
우리 본당은 매년 신부님과 행사 때 먹을 김치를 완전 무공해 작품으로 만든다. 참, 맛있다.

내 마음에도 농장이 하나 있는데 생각보다 넓다. 하느님께서 잘 길러 나누어 먹자고 믿음, 소망, 사랑의 배추씨를 뿌려주셨다.
마음 밭에 농사일하다 보면 등이 가렵고 목이 근질근질할 때가 있다.

손으로 훑어보면 뭉클한 게 잡힌다. 깜짝 놀라 살펴보면 징그러운 벌레가 손에 잡혀있다.

나를 괴롭히는 일곱 마리 벌레, 선한 양심 선한 의지를 갉아먹는 칠죄종이라 불리는 놈이다. 이놈은 생각과 마음에서 서서히 기어오르는데 세속, 육신, 마귀의 유혹을 받게 되면 더욱 기세가 등등해진다.

징그럽고 보기 싫은 이놈을 뿌리를 뽑기 위해 하느님께 신, 구약에 있는 은총의 말씀을 뿌려주십사 하고 많이도 간청하였다. 성사의 은총으로 목욕하고 열심히 일곱 마리를 잡는 데 열중했다.

내게 붙어있는 벌레를 잡다 보니 봉사활동 열심히 하는 교우들의 얼굴에 스멀스멀 기어오르는 벌레가 많이 보였다. 잡아주려다 욕도 많이 먹었다.

내 살을 먹고 통통하게 살찐 일곱 마리 벌레가 생각과 마음에서 기어오를 때 나는 정말, 벌레도 싫고 나도 싫다.

"어이구~ 징그러운 놈들!"
"예수 그리스도의 이름으로 명령한다."
"사탄아, 물러가라!"

"벌레야 물러가라!"

내 몸은 성령께서 거처하시는 성전, 하느님께서 주시는 은총과 거룩한 덕들을 받기만 하고 변화에 소극적이어서는 안 된다.

하느님께서 내 마음에 뿌려주신 믿음 소망 사랑이 쑥쑥 자라나 큰 나무가 되어 새들이 쉬어가고 보금자리를 틀게 해야 한다. 사랑으로 희생 봉사하는 큰 나무가 되려면 먼저 '개인성화'를 위해 자신을 갈고닦는 수행을 해야 한다.

마음 밭에 열심히 풀을 뽑고 벌레를 잡았다.

교만한 놈, 인색한 놈, 질투하는 놈, 화내는 놈, 음탕한 놈, 탐욕스러운 놈, 게으른 놈, 이놈들이 새끼 친 것도 많다. 자랑하기, 절대 용서 안 하기, 편 가르기, 따돌리기, 모사 꾸미기 등등 조금만 게으르면 여기저기 온통 벌레 투성이다.

나는 지금 구멍이 뻥뻥 뚫어져 있다.

그렇지만 하느님 보시기에 좋고, 형제자매들이 먹기 좋은 잘 절여지고 잘 버무려진 배추, 맛있는 김장이 되려고 노력한다.

어두움에 빛을

처음 해본 묵상

"잠시 묵상하겠습니다."
눈을 감는다. 나는 묵상하면 눈앞이 깜깜하다.
"눈을 뜨세요." 눈을 뜬다. 그러면 앞이 보인다.

묵상기도를 할 줄 모르니 답답했다. 알려주는 이도 없고, 모르니 물을 수조차 없었다. 염경기도는 부모님께 배워 바쳤지만, 묵상기도를 한다거나 하느님과 개인적 친교를 나눈다는 것은 경험해보지 못했다.

기도회를 다녀보았다.
회원들은 큰 소리를 내어 기도하거나 조용히 눈을 감고 오랜 시간 기도를 한다.
나도 뭔가 해보기로 작정하고 눈을 감았다. 역시 깜깜하기는 마찬가지였다. 하지만 시작한 것이니 '하느님 앞에 있다는 믿음'으로 꿋꿋이 앉아 있었다.

점점 차분한 마음이 들고 주위에 신경이 쓰이질 않았다. 그렇게 한참을 앉아 있으니 깜깜하고 어수선함이 거치는 듯 정신이 맑아지며 생각이 움직이기 시작했다. 소란함 속에서도 마음을 모을 수 있다는 것을 처음으로 알게 되었다.

교회의 가르침을 생각했다. 십자가, 구원, 죄, 용서, 믿음, 소망, 사랑, 성경의 여러 가지 말씀을 상상과 추리를 통하여 묵상했다.
보이거나 들리지는 않았지만, 주님의 뜻과 가르침 주님의 마음이 전해진다는 것을 느낄 수 있었다.
깨달은 내용은 책이나 본당 신부님의 강론 말씀을 듣고 안심할 수 있었다. 그럴 때마다 온몸에 전율이 흐르고 묵상기도에 대한 확신과 기쁨이 넘쳐났다.
기도의 기쁨을 알게 되니 자주 교회의 가르침을 묵상했다. 하나하나 뜻을 깨닫게 되면 더욱 깊은 뜻을 새겨보았다.

어느 날이었다. '보이지 않는 영적인 일들'을 나 같은 사람이 어떻게 이해할 수 있는지 의문이 생겼다. 그 부분을 주제로 하여 묵상했다.
나는 내가 묻고 내가 대답하는 줄로 알았지만, 주님께서 의문을 일으켜 주시고 깨달음을 통하여 응답해주신다는 것을 알게 되었다.

그 후로는 모든 기도를 성령께서 이끌어 주시기를 간청했다. 막히는 듯싶으면 기도 중에도 성령께 부탁을 드렸다.

기도회를 다니며 하느님을 만난 사람들의 다양한 신앙 체험을 듣고, 보았다.

'성령쇄신운동'을 통하여 성령으로 충만된 모습, 구원에 대한 확신, 기쁨과 평화, 새롭게 변화된 수많은 교우들의 얼굴에는 행복감이 넘쳐났다.

악령 들렸던 사람들의 체험담도 들었다. 악령의 하수인이 되거나 자신의 교만으로 분별없이 은사를 사용하여 '성령쇄신운동'의 불을 끄는 교우들도 보았다.

이를 통해 성령과 악령, 인간의 영에 대한 분별을 배울 수 있었고 교회의 가르침이 얼마나 중요한지 실감했다.

이해의 빛

"나는 생명의 빛이다. 나를 따르는 이는 어둠 속을 걷지 않고 생명의 빛을 얻을 것이다."(요한 8, 12)

생명의 말씀을 이해하려고 애를 썼다.
주님께서 밝혀 주실 것을 믿고 끝없이 간청하고 묵상하며 말씀을 들으려고 노력했다.

이해하기 어려운 체험적 언어와 진리의 말씀을 지성에 빛을 비추어 주심으로써 알게 해주셨고 내 수준에서 여쭙는 것은 모두 깨우쳐 주셨다.

깨달은 것을 성경과 교회의 가르침, 영성 서적, 강론 등을 통하여 분별하도록 이끄시고 평화로써 확인해 주셨다.

주님께서는 필요한 것을 합당한 때에 알맞게 가르치시고 풍성하게 복을 내려주셨다. 친구와 같이 스승과 같이 아버지와 같이 어머니와 같이 여쭙는 것은 언제나 거절하시지 않으셨다.

'이해의 빛을 주심으로써 응답해주셨다.'

소나기

손님이 원하시면 전국 어디라도 달려가는 택시 기사들은 운행 중 많은 장애를 만나게 된다. 눈, 비, 바람, 도로 공사, 사고 현장 등 여러 조건을 헤쳐나가며 일한다.

시청 앞에서 손님을 모시고 남산1호 터널을 빠져나왔다. 시청 쪽에서는 맑은 하늘이었는데 터널을 나오자 억수같이 퍼붓는 소낙비를 만났다.

소낙비는 몇 분 또는 한참을 쏟아지다가 멈추기도 하고 오락가락하기도 한다. 그리고 밝은 햇빛을 비추며 언제 그랬냐는 듯, 맑은 하늘, 상쾌한 도로, 기분 좋은 운전조건이 된다.

경험상 모든 사람은 비가 그친다는 것과 짙게 덮인 저 먹구름 위에 해가 있음을 안다. 그래서 비가 멈추고 활짝 갤 날씨를 기다리며 포기하지 않고 열심히 일한다. 구름 위에서 보면 구름 아래 있는 우리는 열심히 일하며 살고 있다.

기도 역시 택시 운전과 흡사하다.

운전 중 많은 장애를 만나기도 하지만 가장 중요한 것은 손님을 모시고 목적지를 향해 가고 있다는 것을 절대 잊어서는 안 된다.

기도 또한 하느님께 대한 집중이 매우 중요하다. 건성건성 기도문을 바치거나 과욕을 부려서도 안 된다.

기도는 하느님께 용서를 빌고, 삶에 필요한 것들을 청하고, 마음으로 하느님을 바라보고, 고요한 중에 말씀을 듣기도 하고, 다양한 영적 지식과 지혜를 깨달아 얻고, 받은 은총에 기뻐하며 감사와 찬미를 드리기도 한다.

그렇지만 기도가 싫고, 분심과 짙은 어두움을 만날 때도 있다. 그럴 때 실망하거나 중단하지 말아야 한다.

구름 같은 저 어둠 위에는 빛이신 주님께서 나를 바라보고 계시기 때문이다.

기도하는 사람은 어두움 속에서도 빛이신 하느님과 사랑의 친교 안에 있게 된다.

기도는 내가 말씀드리는 것보다 주님께서 나를 바라보신다는 사실이 더 중요하다.

맑은 날이나 비 오는 날이나 해는 떠 있다. 그렇듯 분심과 어두움 중에도 내가 하느님 앞에 있기는 마찬가지다.

비가 그치기를 기다리면 청명한 하늘이 나타나듯 기도 역시 어두움과 분심을 하느님께서 거두어주실 때가 있다.

하느님께서 위엄으로는 높은 곳에 계시고 사랑으로는 내 안에 계신다. 나는 하느님 안에 있음이 분명하다.

'하느님께서 나를 보시고 나도 마음으로 하느님을 본다.'

디지털 카메라

　일을 나갈 때 아들이 쓰던 구형 디지털카메라를 들고 나갔다. 나도 교우들 모임인 빈들(ellia) 인터넷 카페에 사진을 올려보고 싶은 마음이 생겼기 때문이다.

　서울에서 택시운전을 하다 보니 빌딩을 빼고 나면 별로 찍을 게 없다.
　도회지나 시골에서 똑같이 볼 수 있는 것은 하늘이다.

　'하늘의 구름!'
　매일매일 앞만 보고, 사람들만 보고 다녔지, 하늘이 아름답다는 것을 처음 느끼는 듯했다.
　하늘의 구름은 정말 아름답다!
　복잡한 서울에서 이런 기쁨을 맛보게 되다니!
　내게 큰 행운이다.

　손님 태울 생각은 하지 않고 구름 따라 이리 달리고 저리 달려가며 빌딩 사이로 구름 사진을 찍었다.
　더욱 아름다운 모습을 담으려고 가까이 달려가 보면 실망스러운 모습이 되기도 하고 오히려 멀리 있을 때가 더 아름다운 모습이기도 했다.

　멋진 구름을 바라보며 아름다움도 순간순간 변한다는 것을 알게 되었다.
　구름이 아름답게 보이는 것은 각도에 따라 빛을 얼마나 받느냐가 매우 중요하다는 것도 알게 되었다. 각도와 빛의 양에 따라 변하는 모습은 제각각이었다.

내가 찍은 사진을 볼 때 빌딩 사이로 아름답게 피어났던 구름의 모습을 기억하며 감탄하기도 했다.

'구름 잘 찍었다!'

실은 내가 잘 찍은 게 아니라 구름이 빛을 받아 아름답게 변한 것이다.

구름 사진을 찍으며 생각했다.

사람들도 하느님의 빛을 받게 되면 생동감 넘치는 아름다운 사람이 된다.

"나는 생명의 빛이다."(요한 8, 12)

나도 사람들을 볼 때 하느님의 빛을 통하여 새로운 각도, 새로운 차원에서 바라보아야 한다고 다짐했다.

'아름답지 않은 사람은 한 사람도 없다!'

신령한 언어

내가 어렸을 적 미사 경문을 라틴어로 바쳤다.

신부님께서 "도미누스 보비스꿈" 하시면 "엣 꿈 스삐리뚜 뚜오" 하고 응을 했다.

내 탓이오는 "메아 꿀빠, 메아 꿀빠, 메아 막시마 꿀빠" 이렇게 했다.

그 말이 라틴어인 줄도 모르는 어린이였으니 그 뜻을 알 리도 없었다. 지금 생각해보니 그저 소리를 내며 느낌과 마음으로 하느님께 기도했다는 것을 알 수가 있다.

1987년경 성령 세미나를 받았다. 7주 차 교육을 받고 신령한 언어, 또는 방언 기도, 심령기도라고도 하는 기도 은혜를 청하는 시간이 되었다. 안수와 함께 봉사자를 따라 하면 심령기도를 할 수 있다고 말씀하셨다. 아쉽지만 나는 체험을 하지 못했다.

봉사자께서 누구나 다 할 수 있는 기도이며 참가자들은 모두 은혜를 받았으니 서서히 드러난다고 말씀하셨다.

밤늦게 일과가 끝나면 차 안에서 "랄랄랄라 다디도디" 뜻 모를 소리를 내며 성령께서 이끌어 주실 것을 믿고 중얼거렸다. 어두운 밤이라 아무도 볼 수 없지만, 누군가가 나를 보는듯하여 눈뜨기를 수없이 반복했다. 꼭 이런 기도를 해야 하는지 의문이 들기도 했다. 그렇지만 성령께서 나를 대신하여 기도해 주시는 기도이고, 마귀가 제일 싫어하는 기도라고 하셨으니 꼭 해보고 싶었다.

신령한 언어를 하고 싶은 마음에 의심과 어리석음을 물리치고 끝없이 연습했다. 포기할 만도 한데 몇 날 며칠이고 반복했다. 어느 날 이상한 말 마디가 반복되어 나왔다. 뜻은 모르지만 나는 기도 은혜를 받았음을 확신할 수 있었다.

어릴 적 뜻 모를 라틴어를 중얼거리며 하느님께 기도를 드렸듯, 이성을 사용하지 않고 그저 소리를 내며 영으로 하느님을 바라보니 기도가 쉽게 느껴졌다.

관상기도는 주로 침묵 중에 하지만 주님의 기도를 드릴 때도 묵주기도를 드릴 때도 관상기도로 받칠 수가 있다고 한다. 신령한 언어로 바치는 기도 역시 또 다른 한 형태의 관상기도임을 체험하게 되니 영적 상태를 확인하고 싶었다.

예수회 사제이며 로마, 그레그리오 대학교와 미국 마키트 대학교 영성 명예교수인 로버트 페리시 신부님의 저서 "관상과 식별" 그리고 몇 권의 책을 탐독했다.

"신령한 언어로 기도하는 은사는 그 자체가 관상기도의 은혜입니다. 신령한 언어로 기도하는 은사를 받는 것은 곧 관상기도의 은혜를 받는 것입니다."[5]

"신령한 언어로 하는 기도는 비개념적 기도를 소리로 내는 것입니다. 그것은 단지 소리나는 관상기도일뿐입니다."[6]

"신령한 언어의 은사는 성령 쇄신 운동을 하는 사람뿐 아니라 모든 사람에게 주어지는 것입니다."[7]

"신령한 언어로 말하는 이는 사람들이 아니라 하느님께 말씀드립니다. 사람은 아무도 알아듣지 못하기 때문입니다. 그는 성령으로 신비를 말하는 것입니다."(1코린 14, 2)

---

5 『관상과 식별』, 로버트 페리시 지음, 심종혁 옮김, 성서와 함께, p35.
6 『관상과 식별』, 로버트 페리시 지음, 심종혁 옮김, 성서와 함께, p36.
7 『관상과 식별』, 로버트 페리시 지음, 심종혁 옮김, 성서와 함께, p37.

불편한 형제

버스를 탔다. 승객 중에 언제나 불만 가득한 얼굴, 접근하기 어렵고 냉랭한 교우, 상대하고 싶지 않은 형제가 타고 있었다.

'모른 척할까?'
'눈을 마주치면 어떻게 할까?'
'불편하다!'

성령께 기도했다.
'언제나 사람을 무시하고 경멸하는 듯한 저 형제에게 제가 먼저 웃는 얼굴로 반갑게 인사할 수 있도록 용기를 주십시오. 아멘!'

기도하고, 아는 척 형제를 바라보았다.
어색한 내 얼굴이 펴지기도 전에 형제는 순수하고 밝고 해맑은 얼굴로 "안녕하세요?" 하며 먼저 인사를 건네 왔다.

 그렇게 밝은 얼굴을 오늘 처음 보았다. 그때부터 우리는 언제나 웃는 얼굴로 악수하며 인사를 한다.

 "이것이 나의 계명이다. 내가 너희를 사랑한 것처럼 너희도 서로 사랑하여라."(요한 15, 12)

고통과 기도

직업병인 허리통증 때문에 고생을 많이 했다. 십자가에 매달리신 예수님의 고통을 생각하며 아픔을 기쁨으로 여겨보지만, 통증에서 벗어나려고 수없이 기도를 반복했다.

고통은 어느덧 기도를 알리는 종소리가 되었다.
기도를 통하여 주님께서 더욱 가까운 인격적 친교를 맺어 주셨다.
통증이 조금씩 가실 때마다 하느님을 외면할까 두려웠다.
차라리 통증을 느끼며 참는 삶이 더 좋겠다고 생각했다.

세상을 살며 영적, 심적, 육체적 고통 때문에 많은 기도를 하게 되었다. 그럴 때마다 기도를 통하여 주님을 더욱 사랑하게 되었고 나는 주님의 사랑을 듬뿍 받았다.

'기도는 사랑을 배우기 위하여, 사랑을 받기 위하여, 사랑을 주기 위한 것, 기도는 사랑하는 것임을 알게 되었다.'

명의

"의사를 존경하여라, 너를 돌봐 주는 사람이요 또한 주님께서 내신 사람이기 때문이다."(공동번역 집회 38, 1)

서울에는 큰 병원들이 많고 병원마다 전문의가 있지만, 환자들은 이름난 의사와 한의원을 찾아다닌다.

특히 지방에서 올라온 환자들은 주로 택시를 이용하는데 이분들의 대화를 듣다 보면 어느 병원이 어떤 병을 잘 고치는지 알게 된다.

어떤 환자들은 오죽이나 답답하면 나 같은 택시 기사에게 자신의 병세를 설명하며 어느 병원으로 가야 할지 묻기도 한다. 그래서 귀동냥으로 알게 된 병원을 소개해 주기도 했다.

오랜 병고에 시달리던 환자가 명의를 만난다는 것은 정말 크나큰 행운이다.

나는 죽을병은 아니지만, 어깨 통증 때문에 고생을 많이 했다. 팔을 들거나 돌리면 살이 찢어지는 듯한 통증이다. 의사 선생님과 오십견으로 고생해본 사람들은 쉽게 낫지 않는 병이라며 내게 실망스러운 말을 해주었다.

그런데 우리 성당에 의료봉사차 오신 한의사 선생님께 딱, 침 한 대를 맞고 즉석에서 나았다. 선생님은 아픈 쪽 어깨도 아니고 반대편 손목과 팔꿈치 사이에 침을 놓았다. 정말 놀라웠다.

환자가 명의를 만나기는 쉽지 않지만, 명의가 환자를 찾아오는 때도 있다.

나는 영적인 병에 걸린 적이 있었다. 육신의 병으로 말하자면 암보다 심각한 영혼이 죽는 냉담이란 병이다.
증세로 말하자면 하느님을 믿는 사람이 미사와 고해성사도 보기 싫고, 진단과 처방으로 알려준 성경 읽기와 기도하기도 싫었다. 의지의 나약함 때문인지 아무것도 할 수가 없었다.
감정이 메마르고 기쁨과 평화가 사라지는 무서운 병이다.

나에게 내려진 영적 처방은 듣기는 듣지만 스스로 실천할 힘도 없는 병든 영혼에 내려준 처방이었다.

위장병으로 비유하면 소화력이 없는 환자에게 영양가 많은 음식을 골고루 먹고 건강해지라는 것과 같은 처방이었다. 남들에게는 몰라도 나에게는 모두 효과 없는 일이었다. 그렇지만 이번에도 명의가 나를 찾아오셨다.

"나는 야훼, 너희를 치료하는 의사이다."(공동번역 출애 15, 26)

나는 주님을 만나고 딱 한 번 사랑의 포옹으로 모든 영적 치유가 끝났다.

삐뚤어진 정신과 어두운 마음은 사랑의 빛을 통하여 치유되었고, 불안과 근심 걱정으로 상했던 육신의 허약함도 바른 신앙생활과 함께 점차 회복되었다.

오랜 영적 병고에 시달리던 영혼이 예수님을 만나는 것은 정말 크나큰 행운이었다.

'성당은 나에게 명의를 만나는 특별한 장소였다.'

치유기적

성령 기도회 치유기도 시간이었다.

소아마비로 목발을 짚은 자매님이 나오셨다. 그분은 한쪽 다리가 짧고, 한쪽 발은 다른 발에 비해 작은 상태였다.

그 자매님을 위하여 봉사자가 기도하셨다.

"아버지! 감사합니다. 감사합니다. 감사, 감사, 감사합니다."

놀라운 일이 벌어졌다!

짧은 다리와 작은 발이 늘어나 왼쪽 정상적인 다리와 같아졌다. 두 눈으로 보고 있지만, 자연을 벗어난 이 상황에 어리둥절하여 눈을 의심할 지경이었다.

잠시 후, 이해 못 할 일이 또 벌어졌다.

작았던 발이 이제 정상인 발보다 더 커졌다.

'아, 어떡하지!'

봉사자께서 말씀하셨다.

"의심하지 말고 믿으세요! 믿으세요! 믿습니까?"

다시 기도하셨다.

"아버지, 감사합니다! 감사합니다! 감사합니다!"

그저, 감사의 기도를 드렸을 뿐인데 발과 다리는 모두 똑같아졌다.

봉사자께서 자매님의 손을 잡고 말씀하셨다.

"자매님 일어나 걸어보세요!"

"걸으세요! 걸으세요!"

자매님이 한 발짝 두 발짝 걷기 시작했다. 자매님은 목발 없이 똑바로 걸었다.

우리는 기뻐하며 박수와 환호 속에서 주님께 감사와 찬양을 드렸다.

"베드로가 말하였다. 나는 은도 금도 없습니다. 그러나 내가 가진 것을 당신에게 주겠습니다. 나자렛 사람 예수 그리스도의 이름으로 말합니다. 일어나 걸으시오. 그러면서 그의 오른손을 잡아 일으켰다. 그러자 그가 즉시 발과 발목이 튼튼해져서 벌떡 일어나 걸었다. 그리고 그들과 함께 성전으로 들어가면서 걷기도 하고 껑충껑충 뛰기도 하고 하느님을 찬미하기도 하였다."(사도 3, 6-8)

말 못 하는 어린이와 엄마가 나왔다.
봉사자가 어린이의 입에 손을 넣고 혀를 만지며 기도했다.

"아버지 감사합니다. 감사합니다. 감사합니다."
봉사자가 어린이에게 말했다.
"엄마, 엄마 해봐! 엄마 해봐!"
"어으으~ 어으으~ 어으마아~ 엄마! 엄마!"

태어나 처음으로 말을 하며 엄마 품에 안겼다. 예닐곱 살 정도였는데 난생처음 엄마 소리를 들은 자매님은 거의 실신 상태였다.
우리도 너무 감격스러워 기쁨과 감사로 주님을 환호하였다.

"예수님께서는 그를 군중에게서 따로 데리고 나가셔서, 당신 손가락을 그의 두 귀에 넣으셨다가 침을 발라 그의 혀에 손을 대셨다. 그리고 나서 하늘을 우러러 한숨을 내쉰 다음, 그에게 '에파타!' 곧 '열려라!' 하고 말씀하셨다.
그러자 곧바로 그의 귀가 열리고 묶인 혀가 풀려서 말을 제대로 하게 되었다."(마르 7, 33-35)

오늘, 다리 저는 자매와 말 못 하는 어린이는 형제자매들이 보는 앞에서 주님의 영광을 드러내었다.

치유를 목격한 이들도 이기심과 인색함으로 오그라든 손과 병든 마음이 치유되었다.

또한 하느님의 말씀은 듣지만, 세속에 안주하려는 영적 앉은뱅이들이 치유되었음을 믿는다.

굳게 닫힌 입들이 열렸고, 오 리를 가자는 이에게 십 리를 가주는 복음 선포의 대열에 앞장서 힘차게 걸어갈 것이다.

양원성당 I

양원성당은 2005년 1월 27일 신내동성당에서 분가하였다. 주보 성인은 '원죄 없이 잉태되신 복되신 동정마리아' 이다.

역대 본당 주임 사제는 1대 박준호 바오로 신부님, 2대 최철영 베드로 신부님, 3대 유철 베드로 신부님, 4대 김충섭 대건 안드레아 신부님, 5대 김성만 안드레아 신부님이다.

분가할 때 성당 명칭은 '망우1동성당'이었고, 위치는 양원지구 힐데스하임 아파트 초입이었다. 새 선정은 김성만 안드레아 신부님 재임 기간에 지었고, 2021년 10월 24일 교구장님 주례로 봉헌하였다.

나는 김충섭 주임 신부님이 부임하시던 날, 신부님과 사목위원, 단체장들께 문자를 보냈다. 새 성전을 짓고 '망우1동 성당'을 새로운 이름 '양원 성당'으로 바꾸자는 내용이었다.
사목회의 시간에 신부님께서 성당 명칭 변경의 청원을 교구에 올리라고 말씀하셨다. 2016년 8월 18일 교구장님께서 망우1동성당을 양원성당으로 바꾸어주셨다.

먼 훗날 전입해 올 교우들을 생각하며 새로운 이름 양원성당을 친숙한 이름으로 불리게 하려고 고심해 보았다.
양원의 유래는 이렇다.
조선의 태조 임금이 자신의 묏자리 건원릉을 정하고 환궁 길에 이곳을 지나셨다고 한다. 먼 길을 행차하시니 몹시 갈증이 생겼다. 신하들이 근처에 있는 샘물을 떠다 바쳤는데 물맛이 매우 좋았다. 임금은 물맛이 좋다는 뜻으로 양원수(良源水)라고 하셨다. 그때부터 마을 이름을 양원리라고 불렀다고 한다.

임금의 갈증을 풀어준 샘터를 찾고 싶은 마음이 생겼다. 양원

마을은 육백 년을 이어오는 동래정씨 집성촌으로 1961년에 도입한 개발제한구역에 묶여 옛 모습 그대로 유지되고 있는 편이다.

내가 어릴 적 양원리에는 맑은 물이 샘솟는 작은 웅덩이가 하나 있었다. 기억을 더듬어 찾아냈지만 이미 밭으로 변해 있었다. 작은 흔적만 남아 있어도 임금님께 물을 떠다 바친 샘터일지도 모른다고 교우들에게 말할 수 있었는데 참으로 아쉬웠다.
하지만 포기하지 않았다. 문득, 샘터를 찾기 위한 새로운 길이 떠올랐기 때문이다. 그 길은 눈을 감고 가는 길 내가 자주 다니는 묵상의 길이다.

교회는 복음, 구원, 성령, 그리스도를 물로써 표현한다.
"목마른 사람은 다 나에게 와서 마셔라. 나를 믿는 사람은 성경 말씀대로 '그 속에서부터 생수의 강들이 흘러나올 것이다.'"(요한 7, 37-38)

영적 갈증을 풀어주는 물, 구원의 생명수는 양원리 어디에서 솟아 나올까?
빛을 따라간 묵상의 길 끝에서 어렵지 않게 샘솟는 물을 발견하게 되었다.

좋은 물, 구원의 생명수는 양원리 양원성당 성전 '제대' 위에서 흘러내리고 있었다.

"성전 오른편에서 흘러내리는 물을 보았노라 알렐루야~ 그 물이 가는 곳마다 모든 사람이 구원되어 노래하리라 알렐루야~"

(가톨릭 성가 67번)

양원성당 II

예수님께서 제자들과 최후 만찬을 하시며 마지막 유언을 남기셨다.

"예수님께서 잡히시던 날 밤에 빵을 들고 감사를 드리신 다음, 그것을 떼어 주시며 말씀하셨습니다.
'이는 너희를 위한 내 몸이다.
너희는 나를 기억하여 이를 행하여라.'
또 만찬을 드신 뒤에 같은 모양으로 잔을 들어 말씀하셨습니다.
'이 잔은 내 피로 맺는 새 계약이다.
너희는 이 잔을 마실 때마다 나를 기억하여 이를 행하여라.'"
(1코린 11, 23-25)

새로운 계약과 성찬 예식인 성체성사를 세우시고 나를 기억하여 이를 행하라고 명하셨다.

'새 계약'은 예수 그리스도의 죽음과 피로써 맺은 인류 구원을 위한 하느님과 사람의 약속이다. 잊지 말고 기억해야 한다.

성체성사는 본질상 십자가에서 피 흘린 구원의 희생 제사와 똑같다. 세상 모든 사람을 위하여 예수님께서 그렇게 제정하셨기 때문이다.

예수님께서 카파르나움에서 생명의 빵을 설명하실 때 '성체성사'를 염두에 두시고 이렇게 말씀하셨다.

"'나는 하늘에서 내려온 살아있는 빵이다. 누구든지 이 빵을 먹으면 영원히 살 것이다. 내가 줄 빵은 세상에 생명을 주는, 나의 살이다.' 그러자 '저 사람이 어떻게 자기 살을 우리에게 먹으라고 줄 수 있단 말인가?' 하며, 유다인들 사이에 말다툼이 벌어졌다. 예수님께서 그들에게 이르셨다. '내가 진실로 진실로 너희에게 말한다. 너희가 사람의 아들의 살을 먹지 않고 그의 피를 마시지 않으면, 너희는 생명을 얻지 못한다. 그러나 내 살을 먹고 내피를 마시는 사람은 영원한 생명을 얻고, 나도 마지막 날에 그를 다시 살릴 것이다. 내 살은 참된 양식이고 내 피는 참된 음료다.'"(요한 6, 51-54)

하느님께서 사람이 되신 예수님은 분명 사람이지만 하느님이시다. 예수님께서 축성하신 빵과 포도주는 분명 빵과 포도주이지만 예수님의 몸과 피다.

사제가 축성한 빵과 포도주도 분명 빵과 포도주지만 주님의 명을 따라 행하였으니 주님의 거룩한 몸과 피다.
'하느님께서 하시는 일은 안 되는 일이 없다.'

"그러므로 부당하게 주님의 빵을 먹거나 그분의 잔을 마시는 자는 주님의 몸과 피에 죄를 짓게 됩니다. 그러니 각 사람은 자신을 돌이켜보고 나서 이 빵을 먹고 이 잔을 마셔야 합니다. 주님의 몸을 분별없이 먹고 마시는 자는 자신에 대한 심판을 먹고 마시는 것입니다. 그래서 여러분 가운데 몸이 약한 사람과 병든 사람이 많고, 또 이미 죽은 이들도 적지 않은 것입니다."
(1코린 11, 27-30)

생각과 마음이 병들면 육신도 병들게 마련이다. 부당하게 성체를 영하면 영과 육이 병들고 죽을 수도 있으니 자신을 살피고 분별하여 성체를 모셔야 한다는 말씀으로 나는 알아듣는다.

'성체를 모시기에 합당치 못하면 고해성사를 보면 된다.'

현대인들이 예수님께서 직접 하느님께 올리는 '기도와 제사'에 참여할 수 있는 길은 성체성사가 유일하다.

"내 살을 먹고 내 피를 마시는 사람은 영원한 생명을 얻고, 나도 마지막 날에 그를 다시 살릴 것이다."(요한 6, 56)
'주님, 믿습니다!'
오늘도 양원 성당 교우들이 성전 제대 위에서 흘러내리는 빵과 포도주를 받아 먹고 마시며 예수님과 일치를 이루고 있다.

만찬을 통하여 구원의 은총을 베푸시는 예수님의 지혜는, 정말 놀랍기만 하다.

이는 내 몸이다!

"주님을 모시기에 합당치 않사오나 한 말씀만 하소서, 제 영혼이 곧 나으리다."(미사 통상문에서)

성체 공경에 대하여 깊이 이해하고 싶은 충동이 일어났다. 성체의 신비를 의심해본 적은 없지만, 인간의 지성으로 이해할 수 없는 그래서 믿기 어려운 '하느님이 사람이 되심'과 '예수님께서 성체가 되심'을 더욱 알고 싶었다.

성체에 대한 성경 말씀을 찾아 묵상하고 관련된 서적들「성체의 기적」[8]「새 하늘 새 땅」[9]「미사를 통한 치유」[10]「성체 현존」[11] 등 몇 권의 책을 꼼꼼히 살펴 읽었다.
주님께 대한 나의 사랑도 점점 뜨거워졌다.

---

8 「성체의 기적」, 마리아 헤젤러, 남현욱 옮김, 크리스챤출판사.
9 「새 하늘 새 땅」, 끼아라 루빅, 국제 마리아의 사업회, 서광사.
10 「미사를 통한 치유」, 로버트 드그란디스, 이인복 옮김, 성요셉출판사.
11 「성체 현존」, p.스카르가 신부, 역자 조원규 신부, 크리스챤출판사.

기쁜 마음으로 미사에 참여하고 성체를 받아 모셨다. 그리고 포콜라레 운동을 시작한 끼아라 루빅 여사가 지은 책 "새 하늘 새 땅"에서 성체를 받아먹는 우리가 성체가 된다는 말씀을 읽을 때 너무나 행복하고 감격스러웠다.

이 책은 성체에 대하여 넓고 깊은 지식과 이해로 가득했다.

내가 먹는 음식은 내 몸이 된다. 그러나 주님의 몸인 성체를 먹게 되면 성체가 내가 되는 것이 아니라, "내가 거룩한 성체가 된다." 놀라운 말씀이었다.

이것은 오히려 내가 예수님께 먹힘과 같이 주님과 하나가 된다는 엄청난 진리였다.

성체를 받아먹는 사람은 예수님의 정신으로 동화되고, 그리스도의 신비체가 된다. 그러므로 예수님을 통하여 이제 내가 하느님과 하나가 된다.

오, 놀랍도다!
신과 사람이 하나가 된다니!
이제는 그리스도의 생명으로 내가 살게 되는 것이었다.

또한, 주님과 하나 됨은 죄로 흐르는 습성에서 벗어날 수 있음도 알게 되었다. 유혹과 악습에서 벗어나려고 정성껏 성체를 받아 모셨다. 그리고 성체에 대한 공경심도 점점 깊어졌다.

어느 날, 성체를 모시고 돌아설 때였다.

눈으로는 볼 수 없으나 부활하신 예수님께서 나를 감싸 안으신다는 감미로운 영감[12]에 빠져들었다. 순간, 사랑받고 있다는 기쁨과 함께 가슴이 뜨거워지며 구슬 같은 눈물이 볼을 타고 주르르 흘러내렸다. 누가 볼까 얼른 고개를 숙였다.

'난생 처음 성체안에 계신 예수님을 알아보았다.'
'이대로 주님 품에 영원히 잠겨 있고 싶었다!'

이제서야, 성체를 모시고 눈물 흘리는 이들의 마음을 알게 되었다. 그분들은 죄가 많아서 또는 서러워서 울고 있는 줄로만 생각했었다.

예수님은 성체성사를 통하여 교우들의 마음을 기쁨과 평화, 위로와 격려, 따뜻한 눈물로 어루만져주신다는 것을 깨달았다.

---

12 『관상과 식별』 100쪽, 『이나시오 영신수련』 315항, 한국천주교 중앙협의회 윤양석 옮김

성체를 모시러 나갈 때 경건함보다 춤을 추고 싶은 충동을 느낀다. 사정이 있어 성체를 모시지 못할 때도 신부님께서 허락하신다면 줄지어 나가 성체 앞에 고개 숙여 절하고 싶다.

"그리스도의 몸~" 아멘!
하얀 성체를 받아 영한다. 나는 주님과 하나가 된다.

'주님, 저도 주님을 사랑합니다!'

젊은 그대 잠 깨어 오라!

성직자 수도자들의 성체 신심을 본받고 싶다! 성체조배를 하고 싶은 마음에 성당으로 올라갔다. 감실 앞에서 마음을 가다듬고 서서히 주님께 집중하며 마음 안으로 들어갔다.

그렇게 주님 앞에 조용히 머물러 있었다.

시간이 얼마나 지났을까?

갑자기 성당 안에 경쾌하고 신나는 음악이 큰 소리로 울려 퍼져, 깜짝 놀랐다.

'무슨 일일까?'

'눈을 뜨고 확인할까?'

'아니다, 그럴 순 없다!'

소리를 물리치고 주님께 더욱 집중했다.

노랫소리가 기도를 거스르지 않았다.

나는 주님을 바라보며 노랫말에 이끌리고 있었다.

가사의 내용이 점점, 주님께서 내게 하시는 말씀인 듯 다가왔다.

"거치른 벌판으로 달려가자 젊음의 태양을 마시자 보석보다 찬란한 무지개가 살고 있는 저 언덕 너머 내일의 희망이 우리를 부른다. 젊은 그대 잠 깨어 오라 아, 젊은 그대 잠 깨어 오라"(김수철의 젊은 그대)

주님께서 내게 말씀하시는 듯 큰 기쁨과 위로가 흘러넘쳤다.
현존의식 안에서 주님께 '사랑합니다! 저도 주님을 사랑합니다!' 고백하고 또 고백하는 은총의 시간.
그때 누군가 성당으로 후다닥 뛰어 올라오는 소리가 들렸다.
눈이 똥그래진 사무장이 음악 소리를 얼른 껐다. 사무장은 성체조배 중인 나를 보고 조용히 내려가셨다.

우리 성당은 아무나 앰프 시설을 만질 수 없다. 사무장은 내가 그 음악을 틀었다고 생각했을 것이다. 그렇지만 유행가가 성당 스피커에서 왜 나왔는지 나는 모른다.
음향기기가 오작동이었든, 누가 틀고 나갔든, 나를 이상한 사람으로 보든, 나는 아무 상관이 없다. 나는 이미 주님 안에서 행복한 성체조배를 했고, 지금 매우 기쁘다.

"아~ 젊은 그대 잠 깨어 오라~~"

낙지탕

낙지탕을 주문했다. 맛있는 탕이 끓기를 기다리며 무심코 위를 올려보았다. 구석에 CCTV 카메라가 설치되어 있었다. 낙지와 시원한 국물과 밥을 먹으며 생각은 카메라를 의식했다.

'나의 행동 하나하나 관찰하며 저장되겠지!'
'요렇게 먹는 것도, 후~ 후~ 부는 것도!'

어릴 적 꾀돌이 친구가 있었다. 어느덧 나이가 들어 퇴직했고 늘 심심하다고 했다. 일은 하고 싶은데 일자리 구하기가 쉽지 않은 모양이었다.

그러던 어느 날 조경공사 인부를 구한다는 소리를 듣고 일당을 받는 잡부 일을 하기로 마음먹었단다.

대학교 조경공사였는데 친구는 일할 때는 꼭 CCTV 카메라 앞에서 일하고 쉬는 시간에는 카메라를 피해서 쉬었다고 자랑을 했다.

조경공사가 끝나고 친구는 유명대학 조경원으로 취직되었다.
오, 나의 친구 꾀돌이!

하느님은 사랑의 눈으로 언제나 우리를 바라보고 계신다. 그러므로 믿는 이들은 늘 깨어 있어야 한다.

하느님께 대한 현존의식은 의식불명 상태부터 맑고 깨끗하고 하느님과 일치에 이른 상태일 수도 있다.

믿는 이들이 늘 하느님의 영적 카메라를 의식하고 산다면 어떠한 삶의 변화가 있을까? 절로 미소가 지어진다.

'주님을 바라보는 나의 영은 마냥 행복하기만 하다.'

성 요셉

내 고향 경기도 안성군 보개면 양복리 896번지. 어린 시절, 친구들과 함께 세상에서 제일 높은 청룡산 정상에 올랐다.

"야호~야호~야호~"

흘린 땀을 훔치며 산 밑에서 치솟는 바람을 맞으니 사내대장부다운 자부심이 느껴졌다. 양손을 허리춤에 탁 집고 폼을 잡으니 기분이 매우 좋았다.

저 멀리 높게 보이던 산들도 다 내 발 아래 있다. 하지만 나는 그때까지 3십 리 밖을 나가보지 못한 어린이였다.

어릴 적 청룡산이 제일 높다고 생각하듯, 나는 세상에서 예수님을 제일 사랑하는 사람이라고 생각한다.

왜냐하면 예수님을 제일 사랑한다고 누군가 말하는 사람을 본 적이 없기 때문이다.

누가 먼저 말하기 전에 얼른 말씀드려야지!

"예수님! 제가 예수님을 제일 사랑합니다.~"
"성모님! 제가 성모님을 제일 사랑합니다.~"

주님이 웃으셨다. 하 하 하 하 ~
성모님도 웃으셨다. 호 호 호 호~
나도 따라 웃었다. 하 하 하 하~

주님의 이름을 부르고 제일 사랑한다고 말씀드렸더니 기쁘고 행복하다.

나자렛 성 요셉 기념성당에는 임종하시는 성 요셉의 그림이 있다. 그림을 보며 묵상에 잠겼다. 우측에는 예수님께서, 좌측에는 성모님이 임종을 지켜보고 계신다.

성 요셉은 늘 예수님과 마리아를 부르셨다. 병상에 누워서도 사랑하는 예수님과 마리아를 부르셨다. 죽음의 순간에도 예수 마리아를 마음으로 부르며 숨을 거두신다.

세상을 마치고 하느님께 돌아가는 한 인간으로서 가장 복된 죽음이라고 생각되었다.

주님의 이름을 부르는 이는 죽더라도 예수님과 성모님 임종하는 이의 수호자이신 성 요셉께서 함께해 주실 것을 나는 믿는다.

"주님의 이름을 받들어 부르는 이는 모두 구원을 받을 것입니다."(로마 10, 13)

나에게 해준 것이다!

이번 주일 신부님의 강론 주제는 "최후의 심판!" 내용은 "가장 보잘것 없는 이에게 해준 것이 곧 나에게 해준 것이다."

미사를 마치고 집에 돌아왔지만 '나에게 해준 것이다. 나에게 해준 것이다. 나에게 해준 것이다.'라는 말씀이 계속 되뇌어졌다.

"'주님, 저희가 언제 주님께서 굶주리신 것을 보고 먹을 것을 드렸고, 목마르신 것을 보고 마실 것을 드렸습니까? 언제 주님께서 나그네 되신 것을 보고 따뜻이 맞아들였고, 헐벗으신 것을 보고 입을 것을 드렸습니까? 언제 주님께서 병드시거나 감옥에 계신 것을 보고 찾아가 뵈었습니까?'
그러면 임금이 대답할 것이다. '내가 진실로 너희에게 말한다. 너희가 내 형제들인 이 가장 작은 이들 가운데 한 사람에게 해 준 것이 바로 나에게 해 준 것이다.'"(마태 25, 37-40)

죄를 심판하실 줄 알았는데 가장 보잘 것 없는 사람을 사랑한 것이 최후심판의 기준이라고 말씀하셨다. 언뜻 의아해했지만, 곧 이해되었다.

"모든 일에 앞서 서로 진정으로 사랑하십시오. 사랑은 허다한 죄를 용서해 줍니다."(공동 1베드 4, 8)

안나 자매가 간경화로 수술 받았다는 소식을 들은 지 여러 날 되었다. 수술은 끝났지만, 환자는 피를 계속 토하고 의사는 출혈을 일으키는 혈관을 찾지 못해 수혈만 계속하고 있다고 한다.

장기입원이 예상되어 차일피일 미루다 보니 참, 예의가 아니었다.

오늘도 일하는 날 다음 휴무 때 찾아볼까 마음먹었지만 "나에게 해준 것이다."가 계속 떠오르니 망설여졌다.

'환자 방문이 예수님을 찾아뵙는 거라고?'
'그래, 오늘은 예수님을 찾아뵙고 일을 나가자!'

'말씀이 나를 움직이셨다.'

평소에 환자 방문은 입던 옷 그대로였지만 오늘은 마음가짐이 좀 달랐다. 예를 갖추느라 외모에도 신경을 쓰고 작은 선물을 들고 병원으로 갔다.

한 달 넘게 식사를 못 했다고 하니 수척한 얼굴을 보여주기 민망스러울 것으로 생각이 되었다. 아무렇지도 않은 듯 병실에 들어섰다.

예상대로 여러 개의 주사약을 꽂고 누워있는 안나 자매를 남편 루카 형제가 수발을 들고 있었다.
자매님의 안색을 살펴보니 한 달 굶은 환자의 힘들고 어두운 기색이라곤 하나도 찾아볼 수가 없었다. 오히려 밝고 환한 얼굴로 나를 반겨주었다. 위중한 환자 방문치고 이런 일은 처음이다.

병자를 위해 기도할 때 예수님께서 당신의 기쁜 마음을 환자를 통해서 내게 표현하신다는 생각이 떠올랐다.

'환자를 통해서 내가 위로를 받고 있었다니!'
'이것이 주님께서 말씀하시는 나에게 해준 것이로구나!'

그리고 부부의 아픔을 같이하며 그들을 존재케 하시는 주님이 함께하심도 느낄 수가 있었다.

지금까지 많은 환자 방문을 했지만, 주님을 찾아뵙고 환자와 그 가족을 방문한다는 생각은 처음이었다.

오늘같이 예수님을 찾아뵙는다 생각했다면 나의 삶은 매우 달랐을 것이다. 힘들고 어려운 사람, 소외당하고 고통받는 사람들을 대하는 나의 마음도 기쁘고 행복했을 것이다.

환자 방문은 우리를 사랑하시는 예수님과 병자를 동시에 방문한다는 것을 새삼 깨닫게 되었다.

내가 지지리 복도 없다고?

그동안 택시에 손님을 모시며 인생의 참맛을 많이도 경험했다.

가끔 무속인 손님을 모실 때도 있다. 이분들은 택시에 모신 십자가 앞에서 특이한 행동을 한다. 하품을 뽀약뽀약 해대며 생년월일은 언제인지 태어난 시는 언제인지 묻는다.
내가 관심을 보이지 않으면 이번에는 "복도 지지리 없다."라는 말을 툭! 던지고 눈치를 살핀다.
그러면 "나는 복을 많이 받은 사람입니다." 하고 응답을 해준다.
처음 듣는 반응이었을까? 멈칫한다.

한 번은 지위가 높은 듯한 손님을 모시게 되었다. 줄지어 인사하는 사람들이 많았다. 세상살이에 성공한 사람이었다.
정년퇴직 후 편안한 노후를 즐기신다며 나는 스스로 행복하다 행복하다 하며 산다고 하셨다.

사람이 태어나 잡신에게 의지하고, 자기 암시로서 행복하다 행복하다 한다고 과연 참된 행복을 누릴 수 있을까?

복은 기쁨을 주는 어떤 원인을 일컫는 말이다. 복은 무엇을 소유하거나 무엇을 깨닫거나 누군가를 만났을 때 느낄 수 있다. 그중에 가장 큰 복은 사람을 만나 사랑할 때이다.
모든 것을 소유하고 모든 것을 깨달아도 사랑하는 사람이 없다면 행복을 줄 수도 느낄 수도 없기 때문이다.

"내가 너희를 사랑한 것처럼 너희도 서로 사랑하여라!"(요한12, 12)

사람을 잘 만나면 이승에서 복된 삶을 살고, 예수 그리스도를 만나면 지금부터 영원히 복된 삶을 살게 된다.
나도 예수님을 만나고 복을 받았다. 천주교 신자 말고 나같이 복을 많이 받은 사람도 없다.

무속인은 잡신이 내렸지만 나는 예수님의 이름으로 세례를 받고 성령 신이 내린 사람이다. 무속인은 꿈도 꿔보지 못한 영적 지혜와 지식을 깨달았고 복을 받아도 더 큰 복을 받았다.

교회는 사탄, 마귀, 악령, 귀신을 같은 의미로 사용한다. 그렇지만 무속인과 혼령을 본다는 사람들은 그 현상을 조상신 또는 귀신이라고 부른다.

"이승에서 살아가는 기간이 다 끝나면 너희 의지는 선도 악도 저지를 수 없다."[13]

그러니 죽은 사람은 세상에 영향력을 행사할 수 없다.[14]

많은 기적과 성인들의 발현, 계시, 환시, 환청 등 초자연적 현상들은 인간을 위한 하느님의 의지에서만 이루어진다.

하지만 '거짓의 아비인 사탄은 인간에게 거짓 영상과 소리를 펼쳐 보일 수 있다.'(참조: 마태 4, 8[15], 가르멜의 산길 11장)[16]

어떤 기이한 현상이나 혼령을 보게 되는 것은 사탄이 펼쳐 보이는 환시와 환청이며 죽은 이의 모습을 한 사탄의 짓거리이다.

---

13 『대화』, 시에나의 카타리나, 성찬성 옮김, 바오로 딸, p97.
14 "게다가 우리와 너희 사이에는 큰 구렁이 가로놓여 있어, 여기에서 너희 쪽으로 건너가려 해도 갈 수 없고 거기에서 우리 쪽으로 건너오려 해도 올 수 없다." (루카 16, 26)
15 "악마는 다시 그분을 매우 높은 산으로 데리고 가서, 세상의 모든 나라와 그 영광을 보여 주며 …"
16 "악마는 거듭거듭 이상한 것들을 감각에다 펼쳐대면서, 성인들의 모습과 더없이 아름다운 광채를 보여주기도 하고 귀에다가는 흘려넘어갈 듯한 말들을 들려주거나 매우 향기로운 냄새와 입의 단맛 그리고 촉각의 쾌감을 느끼게도 하여서, 그것들에 정신이 팔려 끔찍한 악에 빠져들게 만든다. 그러므로 이런 따위의 환상이나 정감을 항상 피하지 않으면 안된다." (『가르멜의 산길』, 십자가의 성요한, 최민순 옮김, 바오로딸, p146)

"악마의 간계에 맞설 수 있도록 하느님의 무기로 완전히 무장하십시오. 우리의 전투 상대는 인간이 아니라 권세와 권력들과 이 어두운 세계의 지배자들과 하늘에 있는 악령들입니다."(에페 6, 12)

무당에서 하느님의 자녀가 된 분들의 증언을 들었다. 휘하에 수천 명이 넘는 무당을 거느린 분도 있었다. 그분들의 증언을 듣는 동안, 이집트에서 노예로 살았던 이스라엘 민족의 탈출기를 듣는 듯했다.

"무당이 되기 싫었다. 신병으로 압박받는 가족의 고통을 대신하여 신내림 굿을 받았다.
 자녀들에 대한 타인의 시선과 무당 대물림이 두려웠다. 무당의 끝은 비참하고 모시던 신으로부터 버림을 받는다.
 굿을 하고 점을 치는 것은 모두 마귀의 짓이다. …

… 무당들이 모시는 신의 위계질서가 있다. 유럽과 아시아에서 모시는 신의 이름이 다르다. 중국은 관우 장비 등 장군을 신으로 모신다.
 우리나라는 장군신도 있지만, 주로 조상신을 모신다. 문화에 따라 모시는 신의 이름이 다르다고 한다. …

… 무당은 자기가 모시는 신이 길흉화복을 주관한다고 하며 사람들이 조상 탓으로 불행을 겪게 된다고 한다. 그래서 액땜을 위해 굿을 해준다고 했다."[17]

비슷한 일들이 교회 안에서 '가계 치유'라는 이름으로 행하여지기도 한다.

"'가계 치유'라는 용어는 정확성이나 구체적인 개념 없이 잘못된 원죄 해석이나 무속 신앙에서 기인하는 것으로서… 그 핵심은 조상들의 죄가 후손에게 직접 유전(遺傳)되어서 그 죄 때문에 후손들이 불행(미신 행위, 알코올 중독, 자살, 자연 유산, 병, 비정상적 성행위, 우울, 정신 질환, 불안, 공포심 등)을 겪는다는 것이다."[18]

"한 사람의 그릇된 행동이나 불행을 무조건 과거의 조상 탓으로 돌리는 '가계 치유'는 가톨릭 신앙의 이름으로 결코 용납될 수 없다."[19]

---

17 참조 자료: 『유튜브 검색 : 영적전쟁 간증 - 김여은』
    『유튜브 검색 : [간증] 하나님의 은혜 단군교 교주 평화를 만드는 교회 by 김해경 목사』
18 『올바른 성령의 이해』, 주교회의 신앙교리위원회, 한국천주교중앙협의회, p59.
19 『올바른 성령의 이해』, 주교회의 신앙교리위원회, 한국천주교중앙협의회, p62.
    참고서적: 『구마 사제』 『악마는 존재한다』 『구마 사제가 들려주는 구마에 대한 이야기』
    『구마』 『안티레드코스』 『구마에 대한 고찰』

1984년 치유 은사를 받았다는 자매님이 경기도에서 서울에 있는 우리 집에 오셨다. 불행한 일들이 조상들의 죄 때문이라고 하였다.

기도 받는 사람의 등 뒤에 많은 영혼이 줄지어 서 있는 게 보인다고 하시며 "시애미와스데 시애미와스데 시애비와스데 시에비와스데" 이상한 말을 하며 조상들과 가족들을 위해 기도했다고 하였다.

그리고 특별히 미사예물을 드려야 할 영혼이 있다며 우리 본당은 안 되고 멀리 충청도에 있는 어느 성당에서 해야 한다고 하셨다. 그 먼 곳을 어떻게 가야 하나 걱정을 하니, 마침 내일 본인이 그 성당으로 가신다고 하셨다. 잘 됐다 싶어 대신 내주십사하고 예물 봉투를 건네드렸다.

지금 생각하니 참 어이없는 일이었다.

교만한 사람은 교회의 가르침을 무시하고 성령의 은사를 오남용하고 교우들을 잘못 된 길로 이끈다.

무속인은 스스로 사탄의 하수인이 되어 사탄의 말을 듣고 점을 치고 굿을 하고 앞날을 말해 주지만, 틀리면 복채를 낸 사람 탓을 한다.

어떻게 하느님께서 내리시는 복을 받아 누릴 수 있단 말인가?

나는 돈도 받지도 않고 세상 모든 사람의 복을 빌어주고 미래가 어찌 될지 교회의 가르침을 통하여 앞날을 내다본다.

하느님의 현존, 예수님의 재림, 육신의 부활, 최후심판, 상선벌악, 지옥, 연옥, 천국, 영원한 생명, 영원한 행복…
"행복하여라, 마음이 가난한 사람들! 하늘나라가 그들의 것이다."(마태 5, 3)

"하느님의 나라는 먹고 마시는 일이 아니라, 성령 안에서 누리는 의로움과 평화와 기쁨입니다."(로마 14, 17)

재건축 아파트

내 나이 65세, 노인복지카드가 나왔다. 성당에서는 영정 사진을 찍어 주었다. 스스로 건강한 편이라고 생각했는데 노인이 되었나 보다.

나는 오래된 아파트에 살고 있다. 재건축추진 중인 아파트에 살다 보니 낡은 집과 육신의 부활을 자주 묵상했다.

낡은 아파트는 사라지지만 입주권만 있으면 새로운 아파트에 입주하게 된다. 입주권은 사라질 이 집이 있으므로 주어진다.

새 집에 입주하려면 사라질 헌 집에 집착해서는 안 된다.

"죽은 이들의 부활도 이와 같습니다. 썩어 없어질 것으로 묻히지만 썩지 않는 것으로 되살아납니다.

비천한 것으로 묻히지만 영광스러운 것으로 되살아 납니다. 약한 것으로 묻히지만 강한 것으로 되살아 납니다. 물질적인 몸으로 묻히지만, 영광스러운 것으로 되살아납니다. 죽은 이들의 부활이 없다면 그리스도께서도 되살아나지 않으셨을 것입니다. 그리스도께서 되살아나지 않으셨다면 우리의 복음 선포도 헛되고 여러분의 믿음도 헛됩니다. 우리가 흙으로 될 사람의 모습을 지녔듯이 하늘에 계신 그분의 모습도 지니게 될 것입니다. 우리가 현세만을 위하여 그리스도께 희망을 걸고 있다면, 우리는 모든 인간 가운데서 가장 불쌍한 사람일 것입니다." (1고린 15 간추림)

사람의 육신은 흙에서 나왔으니 흙으로 돌아간다. 그러나 썩어 없어질 육신이 없다면 부활도 없다. 늙고 병든 이 몸은 영적인 몸으로 부활할 수 있는 소중한 입주권과도 같다.

죄의 용서와 육신의 부활과 영원한 삶을 믿는 사람이 이승에서 천년만년 살 듯 과한 욕심과 건강에 대한 집착은 헛되고도 헛되다는 생각이 들었다.

하루하루 죽어가는 이 몸, 천국 입주에 대한 기대와 희망으로 남은 생을 아름답게 마무리하고 싶다!

만남과 기쁨

경제적으로 매우 어려운 요즈음 "웃을 일이 어디 있어!"라는 말을 종종 듣는다. 웃음 앞에는 기쁨이 필요한데 기쁜 일이 없어 웃을 일도 없다는 말이다. 기쁜 일이 없다는 것은 매우 불행한 일이다.

기쁨은 세상이 주는 기쁨과 하느님이 주시는 영적 기쁨이 있다.

"내가 너희를 다시 보게 되면 너희 마음이 기뻐할 것이고, 그 기쁨을 아무도 너희에게서 빼앗지 못할 것이다. 그날에는 너희가 나에게 아무것도 묻지 않을 것이다."(요한 16, 22-23)

"내가 너희에게 이 말을 한 이유는, 내 기쁨이 너희 안에 있고 또 너희의 기쁨이 충만하게 하려는 것이다."(요한 15, 11)

영적 기쁨이 충만하려면 부활하신 주님을 만나야 한다. 제자들이 부활하신 주님을 다시 만났을 때 얼마나 기뻤을까?

나도 예수님을 믿는 사람이다. 나 역시 부활하신 주님을 만나야 기쁨과 평화가 내 안에 머무르고, 인생길에 대하여 아무것도 물을 것이 없다는 말씀이다.

믿는 사람은 부활하신 주님을 만나고 세상일과 관계없이 늘 기쁨으로 가득해야 한다. 그렇지만 기쁨이 충만한 사람도 있고, 주님을 만나지 못해 기쁨에 목마른 사람도 있다.

부활하신 주님을 만나려면 주님께서 드러내심이 있어야 한다. 그것은 주님께서 베풀지 않는 한 불가능한 일이다. 그렇다고 해서 포기하면 그저 내 손해일 뿐이다.
주님께서 어느 때 당신을 드러내실지 아무도 모른다.

나에게 주님과 만남은 기쁨과 희망이 샘솟는 은총의 시간이었다. 주님은 칠성사와 강론, 공동체를 위한 성령의 은사, 성경을 읽을 때, 성체를 모실 때, 기도 중에 만나 주셨다.
주님의 현존을 감지할 때마다 기쁨이 벅차올랐다.

신앙생활을 하며 느꼈던 많은 영적 체험들이 있다.
사랑의 마음, 위로와 눈물, 빛과 깨달음, 두려움과 뉘우침, 내적인 평화는 주님이 함께하신다는 사실을 부정할 수가 없다.

내 생각인 듯 떠오르는 마음의 움직임들도 있다.

성당을 향한 마음, 기도하고 싶은 마음, 봉사하고 싶은 마음, 교우들을 보고 싶은 마음, 선을 향한 열정은 믿지 않는 이들에게는 이해할 수 없는 현상이다.

"내 양들은 내 목소리를 알아듣는다. 나는 그들을 알고 그들은 나를 따른다."(요한 10, 27)

매일매일 하느님을 생각할 때마다 당신을 드러내시지는 않지만, 나의 영이 내게 보이지 않듯 하느님은 영이시므로 나와 함께 계셔도 보이지 않으심이 당연하다.

"너는 나를 보고서야 믿느냐? 보지 않고도 믿는 사람은 행복하다."(요한 20, 29)

쉬는 교우

"하느님께서 내리시는 은총과 평화가 여러분과 함께!"
"또한 사제의 영과 함께!"

평화의 인사를 나누던 교우가 교회를 떠나는 안타까운 일이 생긴다. 여러 가지 이유가 있겠지만 유혹에 넘어간 죄는 누구에게 돌릴 수 없는 본인의 탓이다.

나는 냉담 생활을 오래 했다. 처음에는 자유스러움을 느꼈지만, 점점 마음에 평화가 깨지고 삶이 어두워졌다.
세속에 참된 행복이 없음을 체험하고 다시 교회로 돌아왔다.

지난날을 뉘우치고 새롭게 시작한 신앙생활은 세상의 즐거움보다 하느님이 주시는 기쁨과 평화가 얼마나 소중한 은총인지 깊이 깨닫게 되었다.

택시 운전을 하다 보면 많은 교우들을 만나게 된다. 택시에 모셔진 십자가를 통하여 형제자매임을 알아보고 예수님을 만난 듯 성모님을 만난 듯 반갑게 서로 인사를 나눈다.
교우들과 만남은 만남 그 자체만으로도 기쁘고 행복하다.

가끔은 교회로부터 깊은 관심과 사랑을 받는 나의 냉담 후배들이 타신다. 보란 듯 십자고상을 모셨으니 신심이 깊은 줄로 생각하는 모양이다. 냉담 중인 형제는 사제 앞에서 고해성사라도 보는 듯 지난 일을 후회하며 자신의 심정을 털어놓는다.
하느님과 교우들에 대한 실망, 분노, 아쉬움, 깨어진 평화, 영적 어두움을 털어놓을 때 내 마음도 함께 아프다.

오랜 냉담의 터널을 지나고 있는 형제들의 공통된 고백은 마음에 평화가 사라졌다는 점이다.

나는 경험으로 알고 있다.
마음을 털어놓는 형제의 말도 주님의 은총이라는 것을-
교회로 돌아갈 결심과 의지를 하느님께서 기다리신다는 것을-
돌아서기만 하면 하느님의 사랑이 모든 삶을 새롭게 해주신다는 것을-

형제가 교회를 떠나게 된 이유를 듣고, 나도 하느님을 떠나 방황했던 과거를 털어놓는다. 그렇게 마음이 하나가 되면 지금은 신앙생활에 충실하며 주님 안에서 기쁘고 행복하다고 증언을 한다.

그러면 듣고 있던 형제가 상기된 표정을 지으며 다시 성당에 나가겠다, 고해성사도 보겠다, 변화의 심정을 말해 준다.

'교회로 돌아 올 때는 오르지 하느님만을 믿고 돌아와야 한다.'

어떤 형제는 새롭게 시작하고 싶은 마음도 있지만 내가 그랬듯 망설인다. 천주교 신자는 냉담을 해도 그의 가슴속에 하느님의 자녀인 세례의 인장이 지워지지 않는다고 한다. 그래서일까? 겸연쩍은 얼굴로 "언젠가는 성당에 나가야지요." 하고 미루는 형제도 있다.

하느님께 나아가지 못하도록 다음으로 미루거나 용기를 내지 못하도록 방해하는 것, 그것은 나의 생각이 아닌 은밀한 사탄의 유혹임이 성경에 기록되어있다.

"그 무법자가 오는 것은 사탄의 작용으로, 그는 온갖 힘을 가지고 거짓 표징과 이적을 일으키며, 멸망할 자들을 상대로 온갖 불의한 속임수를 쓸 것입니다. 그들이 진리를 사랑하여 구원받는 것을 거부하였기 때문입니다."(2테살 2, 10)

행복

고된 하루 일과를 마친다.
저녁기도를 드리고 잠자리에 눕는다. 편안하다.
세상의 잡다함을 벗어나 주님 안에 쉼을 갖는다.

세상을 잊은 채 하느님을 바라본다.
구원에 대한 기쁨과 감사함이 절로 우러난다.

사랑합니다! 사랑합니다!
고백하고 또 고백하고 주님 품에 안겨 잠이 든다.

아침에 주님의 온기를 느끼며 새 날을 맞이한다.
기도를 올리고 하루를 시작한다.
또 일과를 마친다.

'아, 나는 행복한 사람!'

마침 글

저는 하느님과 함께 사람들과 살고 있습니다. 알고 보면 여러분도 그렇습니다.

제가 이 책을 통하여 주님 안에서 누리는 기쁨을 노래하지만 하느님의 은총이 아니었으면 새롭게 살아날 가망이 없는 사람이었습니다.

지금까지 살면서 잘못한 것은 다 내 탓이었고 잘한 것은 모두 하느님의 은총이었습니다.

이제 노인이 되었고 몸도 아프고 힘든 일도 많지만 저는 행복합니다.

끝까지 저의 글을 읽어주신 여러분도 행복하시길 빌어요.

하느님, 우리에게 행복을 주시는 분 찬미와 영광 받으소서. 아멘!

정말, 하느님이 계시는구나!

지 은 이   이유희 바오로
출판허가   2023. 2. 21
         서울대교구장 정순택 베드로 대주교
초판 1쇄   2023. 3. 10
재판 2쇄   2023. 9. 10
펴 낸 곳   도서출판 비지아이
출판등록   제2-3315호
등록일자   2001. 04. 19
펴 낸 이   신익재
교정 진행   김옥선 문기덕
그   림   강성천
주   소   서울특별시 양천구 곰달래로 11길 42-1
전   화   Tel. 02-2285-2710 FAX. 02-2285-2714

구 입 처   교보문고 https://www.kyobobook.co.kr/
         성바오로 서원 https://paolo.kr/
ISBN 978-89-92360-68-5   가격 15,000원
Copyright ⓒ2023 by 이유희